我
思

敢于运用你的理智

唯识学乃佛学中最精细、最系统的学说。“唯”乃“不离”之意，万法唯识即万法不离意识，其对意识结构及由意识所构造的世界之剖析，可以说是对宇宙和人生给出了最彻底且理性的解释。

唯识学在近现代中国的思想潮流中发挥了重要的作用。近现代的大学者大多重视唯识学，并借助其理论来构建自己的思想体系。如章太炎的得意之作《〈齐物论〉释》，以唯识学的义理来解《齐物论》；熊十力的代表作《新唯识论》，以批判唯识学来建立自己的新儒学。

唯识学与西方的科学、心理学和哲学等最易沟通。面对近代以来的西学大量传入，思想界高举唯识学的旗帜，正是因为唯识学思辨、理性、逻辑、系统的特征可与西学有效对话。而20世纪西方哲学中最有生命力的“现象学”，与唯识学更是达到了理论共鸣。

鉴于唯识学本身的理论透彻性、其在历史上的重大影响及在当代社会中的理论生命力，我们特策划此“唯识学丛书”，相关图书将陆续分批出版。

湖北省学术著作出版专项资金
Hubei Special Funds for Academic Publications

唯识义理论争集

唯识学丛书

梅愚 编

长江出版传媒 | 崇文书局

图书在版编目（CIP）数据

唯识义理论争集 / 梅愚编 .
—武汉：崇文书局，2020.1
（唯识学丛书）
ISBN 978-7-5403-5743-6

Ⅰ. ①唯…
Ⅱ. ①梅…
Ⅲ. ①唯识论－文集
Ⅳ. ①B946.3-53

中国版本图书馆 CIP 数据核字（2019）第 216626 号

2015 年湖北省学术著作出版专项资金资助项目

我思

敢于运用你的理智

唯识义理论争集

出　　品　崇文书局人文学术出版中心 · 唯识学小组
策 划 人　梅文辉（mwh902@163.com）
责任编辑　梅文辉
装帧设计　甘淑媛
出版发行　长江出版传媒 | 崇文书局
地　　址　武汉市雄楚大街 268 号 C 座 11 层
电　　话　(027)87680797　邮政编码　430070
印　　刷　武汉市金港彩印有限公司
开　　本　880mm×1230mm　1/32
印　　张　6.5
字　　数　145 千
版　　次　2020 年 1 月第 1 版
印　　次　2020 年 1 月第 1 次印刷
定　　价　78.00 元

（读者服务电话：027—87679738）

目　录

法相唯识二宗辨

辨唯识法相

欧阳竟无

前辨二谛三性文，明二谛空宗为文殊学，三性非空非不空宗为弥勒学，而于弥勒学之内容未能剖判，今故继述此文。

盖弥勒学者，发挥法相与唯识二事也。初但法相，后创唯识。弥勒《瑜伽》中诠法相于《本事分》，而诠唯识于《抉择分》。是法平等曰法相，万法统一曰唯识。二事可相摄而不可相淆，亦复不可相乱，此弥勒学也。

无著者，亲近弥勒，此间以为初地菩萨，藏中称为三地菩萨也。《解深密经》《摄大乘论》者，相宗大匠皆据为讲弥勒学之经论也。作论有一定格式者，无著《摄论》，遵弥勒摄释而刊定其法则也。无著《摄大乘》之言曰：若有欲造大乘法释，略由三相应造其释，一者由说缘起，二者由说从缘所生法相，三者由说语义。缘起者，本转种子之唯识也；法相者，三性之一切法也；语义者，佛功德与菩萨行之大悲相也。盖前二为深义，后一为广义；或初一为深义，后二为广义也。此唯识法相德义，论本及世亲《无性论释》发挥明晰，不可诬也。所以唯识法相必分为二者，世尊义如是也。世尊于《楞伽》《密严》，既立五法三自性之法相矣，而又立八识、二无我之唯识。《密严》以为最胜之教理，衡量一切法，如称如明镜，照耀如明灯，试验如金石，奈何淆而一之，或乱而易之哉？

唯识法相德义之作论格式，试举其例：初如《摄大乘论》，是唯识边论，大乘对小乘，故适用尊胜也。于境则所知依立阿赖耶，由诸声闻不于一切境智处转故；于行则彼入因果立六度行，由诸声闻但于三十七菩提分转故；于果则彼果断立无住涅槃，彼果智立法身，由诸声闻但二涅槃解脱身转故。唯识注重观行，故于因果差别三学之先，提要特立入所知相分也。

次如《辨中边论》，是法相边论，三乘莫不皆法，故适用平等义也。一切法者，赅染与净，净法是有，染法亦应是有。若染不立有，则何所灭而何所存耶？《中边》谈一切法中道，必立染有。先于《相品》辨乱识相为少有，而染得生；次故于《障品》立五障、九障、十因、三乘障之染有。若有若无，称法而谈，则染净皆有其真实，故《真实品》立十种真实有。小乘对治三十七菩提分，小大分位共有十八，小乘得果但有所得也。若无上乘则行果异小，正行十波罗蜜行，而修别有六。十波罗蜜之所缘，十波罗蜜之修证，皆广大无边也。凡此皆法相边义也。

又次，如《大乘庄严经论》，是德义边论，不但摄乎大乘而已，而且庄严乎大乘，故适用广大义也。《瑜伽·菩萨地》诠菩萨行是广大义，《庄严》品目悉不与异。然《庄严》意存光大，必较《瑜伽·菩萨地》而更充盈，则《瑜伽》所无而必加补，《瑜伽》所略而必加详，于是于德义边而亦赅摄乎唯识法相。如《述求品》详谈唯识，又加诸相也；如《梵住品》别说大悲有二十六门也，如《菩提分品》三十七菩提一一详叙也。盖《瑜伽·菩萨地》于唯识法相义，散见于前后诸地，而《庄严》则必聚于一处，直不啻以一论而赅摄《瑜伽》，诚可谓大乘经之极庄严矣！故西域不熟《庄严》不能弘法，意诚当也。举此三例，唯识、法相、德义，体例各别，不相淆乱，弥勒学也，反此，或淆或乱，非弥勒学也。

复次，听法众生有乐广文，有乐略文，故经论长行有前中后嗢陀南以为赅摄，而极略则在一经论之名。故世尊说一经竟，当机必请以何名此经，要使一望此经之名，而即知所说之事义若何也。论亦何复不然？《摄大乘论》十殊胜殊胜语，止是赅摄大乘，非是详叙大乘。以少摄多，以统摄散，谈唯识边事义，一望其《摄大乘》名而即知梗概也。《辨中边论》立虚妄分别有，乃有染有净，是一切义普能决了三乘法故，非各局于一边谈法相事义，一望其《辨中边》名而即知其梗概也。《大乘庄严经论》说经义，譬如莲华开敷荣茂，非止赅摄，故于其初成大乘宗，而于中后即菩萨地而更详之，谈德义边事义，一望其《大乘经庄严》名而即知其梗概也。即论名字，即论事义，此弥勒学也，反此，或义不与名合，或此名乃彼义用，非弥勒学也。

二十七年八月初与院友谈义

论法相必宗唯识

太虚

识所唯法，法相而已。是故称法相即括唯识，谈唯识即摄法相。此义也，奘、基以还，无异议者；近人别法相与唯识为二宗，判若鸿沟，徒生枝节，无当圣言。爰立自宗与之商榷。

一、出定义

（一）空后安立依识假说之一切法曰法相。凡立一宗，必先定名；法相唯识，定义云何？法相云者，赅染净尽。染谓杂染，五法之相、名、分别，三相之遍计、依他属之；净谓真净，五法之正智、如如，三相之依他、圆成属之。如是染法净法，皆是识所变缘，安立施设，后得为用。盖法相之五法、三相，为后得所起之能所分别相，如是法相，由后得分别智所缘生，众缘所生，皆如幻有。颂云："非不见真如，而能了诸行，皆如幻事等，虽有而非实。"《成唯识论》云："此中三种自性，皆不远离心心所。"谓心心所，即变现象缘生故，如幻事等，非有似有，诳惑愚夫，一切皆名依他起性。愚夫于此横执我法，有无、一异、俱不俱等，如空花等性相都无，一切皆名遍计所执。依他起上，彼所妄执我法俱空，此空所显识等真性，曰圆成实。是故后得所分别施设有之如幻等法相，皆依识假说，唯识为宗。

（二）约众缘所生法相皆唯识所变现曰唯识。染净诸法，依何生起？曰依众缘，众缘生法，唯识所缘，识所缘法，唯心所现，故一切法唯识。《海潮音》第六期木村泰贤所著《因缘论之世界观》有与余意吻合者，即一一法之关系，而此关系实重重无尽，虽极复杂而又整然一丝不乱，表现于有情之生命，扩充为世界规则，而握此大本营之军符者，则为有情之心识，离此无所谓因缘论，此所以有三界唯心、万法唯识之结论也。

二、遮彼计

甲、判一本十支为二宗之非

近人将唯识诸论，画其范围，谓何者属法相，何者属唯识。吾皆以为虚妄分别也！盖诸佛为显理故说经，菩萨为申经而造论，其能诠之教虽殊，而所显之理及趋证之果，则无二义；此所谓佛佛道同。然彼既有执，吾当破斥。

（一）出今说理由之非。《百法、五蕴叙》云：“相宗六经十一论，六经者，《深密》《楞伽》……十一论者，一本十支是也。约缘起理，建立唯识宗；以根本智摄后得智，以唯有识为观心，以四寻思为入道。约缘生理，建立法相宗；以后得摄根本，以如幻有诠教相，以六善巧为入道。”就彼立言，条而论之。

（1）缘起理对缘生理。《杂集论》叙云：“缘起义是唯识义，故缘其因，说种子相。缘生义是法相义，故究其果，说成就相。”然种现因果不即不离，缘之所起，即从缘所生之一切法，究明一切法能起之缘，即唯识之理显。据此二理，正见施设法相，必宗唯识，不应离唯识而另立法相宗。复次，宗者谓所尊、所崇、所主、所尚，若离唯识，则法相以何为主？或曰：宗五法，三自性。然五法、三自性，或即是识，或是识所唯法，是故离唯识外别无法相。且五法、三相，小乘不言，华严、般若、法华、涅槃皆不言，言之者唯在说明唯识现之《深密》《楞伽》等经。故五法、三性，必以识为宗。是知法相明法，唯识明宗；法为能宗，宗为所宗，能所相合，宗乃成立。离法相则唯识是谁之宗？离唯识则法相以谁为宗？缘起理是明法相之宗，缘生理是明识宗之法，何得别为二宗？

（2）根本摄后得对后得摄根本。根本智属唯识，后得智属法相，由根本摄后得，则法相宗乎唯识；依后得显根本，即法相而彰唯识。据此亦但能见其宗一，不能别立为二。且后得智所施设之法相，皆由缘真如后，模仿所起之能所分别相。以是法相诸法，皆唯有识。

（3）四寻思入道对六善巧入道。证唯识性，以四寻思为入道，由四寻思引得四如实智。《真实品》云："云何了知如是分别？谓由四种寻思、四如实智故。云何名为四种寻思？一者名寻思，二者事寻思，三者自性假立寻思，四者差别假立寻思。"四寻思所引如实智者，谓诸菩萨，于事寻思唯有事已，观见一切色等想事，性离言说，不可言说；若能如是如实了知，是名事寻思所引如实智。此四如实智，可分三类：一者加行智，即四寻思所引是；二者根本智，即名寻思与事寻思所引如实智是；三者后得智，即自性假立与差别假立寻思所引如实智是。后得智为仿根本智之所起，加行智为引真见道，根本智前结加行智之成，后为后得智之源，乃一切智之枢纽也。而六善巧之蕴、处、界、食、谛、缘诸法，皆为后智所分别之幻有法相，以之入道，但是依教入理之道；不宗唯识之四寻思观，不能从行证果入真见道，故法相必宗唯识。

（4）唯有识观心对如幻有诠教。唯识为唯有识以观心，是观即行，行必证果。法相以如幻有而诠教，教但显理，理必起行，方能证果。凡举一宗，皆具教理行果，唯识之教理即法相，法相之行果即唯识。且宗也者，正指统持教所明理之一集中点以言。故由法相教理，反博归约而起行趋果者，正在唯识。唯识为唯有识以观心，是故法相依唯识为宗。否则，法相如童竖戏，不能趋行证果。

（二）出今说判别之非。唯识之六经十一论，要皆明诸法唯识，未闻有所谓法相与唯识之分。近人之《百法、五蕴叙》云："抉择于《摄论》，根据于《分别瑜伽》，张大于《二十唯识》与《三十唯识》，而怀胎于《百法明门》，是为唯识宗，建立以为五支。抉择于《集论》，根据于《辨中边》，张大于《杂集》，怀胎于《五蕴》，是为法相宗，建立以为三支。如是二宗八支，《瑜伽》一本及《显扬》《庄严》二支括之。

此所判者，未善思维，试举一二非之。世亲《摄论叙》云："《摄论》宗唯识，则以一切法唯识以立言，所有一切显现，虚妄分别，唯识为性故，摄三性以归一识故。"是言也，谓为《摄论》明法相，以唯识为宗者可，若判为《摄论》是唯识而非法相，则殊未敢苟同。盖如其所计，则《摄论》之初品之所知依，应判为唯识，其第二品之所知相，不又应判归法相乎？吾敢正告之曰：十支诸论，若《摄论》，若《显扬》，若《百法》，若《五蕴》，或先立宗后显法，或先显法后立宗，无不以唯识为宗者。若于立显之先后微有不同，强判为唯识与法相二宗，则不仅十支可判为二宗，即一支、一品亦应分为二宗。如是乃至识之与唯，亦应分为二宗；以能唯为识，所唯为法故。诚如所分，吾不知唯识如何安立？

乙、括小乘佛智为法相之非

近人于分立唯识与法相之二宗，更画其范围，所谓法相赅广，五性齐被，唯识精玄，唯被后二。兹先出其意：

（一）出今说之大意。《杂集论叙》云：“唯识简声闻藏八万四千法蕴处，是三藏相，是所缘境。法相则摄方广十事门菩萨别藏，更摄十二部声闻通藏。”又《真实品叙》云：“唯识无住，但般若自性涅槃，而俱简小；法相普被，有余无余以为其果。”又，“唯识有简，故有其略；法相咸应，罄无不详。”更有括及于华严帝网重重之无尽法界，皆入法相宗范围者。兹举小乘之法执，及大乘法性空慧，与华严法界辨别之。

（二）正明今说之非。总上所出大意，姑分三段论之：

（1）空前之法执非法相。《真实品叙》云：“法相之体，即三自性，摄一切尽。五法之法，但说依圆；相、名之相，唯依他起。……法相之法，法相之相，都无不通，都无不详。”是故五法、三相是法相。虽然，五法也，三相也，皆菩萨空后安立。然二乘之阿毗达磨，足证此空后所施设乎？纵览《婆沙》《俱舍》，都无是理。是故二乘法执之法，是法相唯识之所破，非可滥同唯识之如幻有。

（2）遮破法执之空慧非法相。余尝于中国大乘八家，观其诠表宗依之相类者，判为三宗：一者法性空慧宗，二者法相唯识宗，三者法界真净宗。盖遮执空慧，即此中之法性空慧。所谓遮执，即遣诸法相、名、分别，乃至能遣亦遣故，正智、如如亦不安立，入毕竟空，起法空慧，而直契一切法之平等体性。故此性言，即体性性。然体性性，离言绝思，非毕竟空慧无能契证，《般若》《中观》诸经论，均明乎此；他如禅宗之离言契证故，亦属此类。第以言遣言，故空慧立宗。而法相之相，由后得分别施设，乃相用之相，非体相之相。而体相离言，乃假空慧以遮执，是法性之宗空慧，空慧亦空。而相用之相，更非体性之相。故法性空慧宗与法相唯识宗，二应有别。

（3）安立非安立之圆融法界非法相此圆融法界，即吾所判三宗中之法界真净宗。余于《佛法总抉择谈》立此为真如宗，盖就《起信论》言，以《起信》总一切净法名真如故，今当正名为法界真净宗。法是一切诸法，即安立世俗谛，及非安立第一义谛。界是摄藏统持二谛之总和义。真净即对有漏虚幻杂染言，真简有为虚幻，净简有漏杂染，为佛智性相圆融之究竟真净，华严天台无碍法界。此亦可称为唯智论。余昔跋善因法师之唯性论，立三唯论：一、唯性论，今名法性空慧宗；二、唯识论，今名法相唯识宗；三、唯智论，今名法界真净宗。欧阳居士近所谓“唯识之学，特详染污阿赖耶边，于清净义断妄证真，甚觉其略；此正待后人推论发明，当于唯识学外，建立唯智学”，见《内学》之不思议熏变评解。与余立三宗之意渐符。但唯智乃宗依佛之一切种智者，安立非安立圆融为一法界，故不可束之于法相。兹将大乘三宗与三唯论对表于左：——

法相唯识宗，如前已明，兹不赘。

佛教
- 小乘
- 大乘
  - 法性空慧宗…………唯性（非安立谛）
  - 法相唯识宗…………唯识（安立谛）
  - 法界真净宗…………唯智（安立非安立圆融）

三、结正宗

总结前义，故法相必宗唯识，约有下之结论：

（一）法相所摄：若缘生理，若后得智，若六善巧，若如幻有诠教相，皆宗唯识而分别施设者。

（二）法相诸论：若《杂集》，若《辨中边》，若《五蕴》《百法》，均以唯识为宗以明法相，即彰唯识义故。

（三）空前之法执非法相，但破不立之法性空慧非法相，圆融之法界非分别假设之法相，故唯依识变假设之法为法相。

近人不明能宗之教相与所宗之宗趣，务于名相求精，承流不返，分而又分，浸假而唯识与法相裂为楚汉，浸假而唯识古学今学判若霄壤，不可不有以正之，以免蹈性相争执之故辙。此余讲此之微意也。（满智记）

（1925年《海潮音》第6卷第8期）

再论法相必宗唯识

太虚

曩在庐山说“法相必宗唯识”，对近人以法相与唯识分为二宗，颇有评弹，而谓大乘佛法，当分为法性空慧宗、法相唯识宗、法界真净宗。旋在《内学》第二辑，见吕澄君，评破太虚《法相必宗唯识》之演说标题，窃喜得此攻错，可益明真理！乃迟之既久，不见该演说之发表。然《内学》第二辑竟无君之《摄论大意》后，编者尝附识云：“兹篇是大师写示编者旧稿，说法相唯识之所以分宗，枢要俱在。今人于二宗分说，犹有不详原委，辄兴异议者，因录出之，以醒迷惘。”此可见彼分法相与唯识为二宗之根据即在于此，故今刺取《摄论大意》之说再论之。

吾所谓“法相必宗唯识”与“法相唯识宗”等之一宗字，乃指一系学说所尊崇主要之一点而言。此一系学说所崇主之一端在某某，则谓之某某宗，彼一系学说所崇主之一端在某某，则谓之某某宗；此宗之一字之定义，固诸家之通义也。吾所谓大乘法之三宗，基师尝著说于《法苑义林章》曰：无漏以般若为主，有为以唯识为主，无为以真如为主。法相必宗唯识者，法相须以唯识为宗主云尔，与基师设名不同，而义无异。先定此宗字之义，乃观竟无所出分法相与唯识为二宗之因喻，在彼皆为相违，而适以成此法相必宗唯识之义也。

一、彼云："法相譬之画龙全身，唯识则犹画龙点睛，原委虽详，法相无唯识，则无睛之龙也。"今曰点睛，义即"宗"义。法相画龙，必须唯识点睛，即法相必宗唯识义，故与彼法相与唯识是二宗之宗相违。适成此法相必宗唯识宗。善因明者，可演三支以察之。

二、彼引论云："若有欲造大乘法释，略有三相应造其释：一者由缘起说，二者从缘所生法相，三者由说语义；由第一相立唯识宗，由第二相立法相宗，二宗分立，以此为据。"今解此三相，应为各系学说皆所完具，乃成有宗之法及有法之宗，其式如下：

语……能诠教 }……{ 从缘所生法相……条说法相
义……所诠理 }……{ 能起法相主缘……说法所宗

若将此三相剖离，则不唯说缘所生法乃无法之起缘，说能起缘乃无缘所生法；且亦应说法相缘起，无有能诠所诠之语义，说语义亦成无有法相缘起内容之戏论；话之怪者，无逾于此！尚能造何法释耶？故依此三相，亦适成此法界必宗真净，法性必宗空慧，法相必宗唯识之宗，与彼分法相与唯识为二宗之宗相违。夫一系学说中，诚亦有书多条说法相者，然不离法相所宗；亦有书多说法所宗者，然亦不离条说法相也。

总观彼《摄论大意》，关于分法相与唯识为二宗之根据，不外右之二端；余可思准，故不一一。

（1928年《海潮音》第9卷第3期）

辨法相与唯识

印顺

“法相与唯识”，是研究佛法者所常遇到的问题，对它必须有个认识。现在把我认识到的试述一点。

这问题，民国以前的学佛者，是没有讨论过的，民国以来，最先由欧阳渐居士提出了法相与唯识分宗的意见，即是要把法相与唯识作分别的研究。问题提出后，即引起太虚大师的反对，主张法相唯识不可分，法相必归宗于唯识。一主分，一主合，这是很有意义的讨论。民国以来，在佛教思想上有较大贡献的，要算欧阳氏的内学院和大师的佛学院，但在研究的主张上便有此不同，这到底是该分吗？该合吗？

先说到两家的同异，主张要分的，因为内学院在研究无著、世亲的论典上，发现了它的差别，即是虽都谈一切法，却有两种形式：一是用五蕴、十二处、十八界——蕴、处、界来统摄一切法，一则以心、心所、色、不相应、无为来统摄一切法。因此方法的差异，他们觉得《集论》《五蕴论》等是法相宗，《百法论》和《摄大乘论》等是唯识为宗，应将它分开来研究。所以他们说法相明平等义，唯识明特胜义等十种差别，见《瑜伽师地论序》。以显其异。

虚大师以为，法相、唯识都是无著、世亲一系，法相纷繁，必归到识以统摄之，否则如群龙无首。觉得分宗的思想，不啻把无著、世亲的论典和思想割裂了。两家之说都有道理，因为无著、世亲的思想是须要贯通的，割裂了确是不大好。但在说明和研究的方便来说，如将无著系的论典，作法相与唯识的分别研究，确乎是有他相当的意思。

我觉得法相与唯识，这两个名词，不一定冲突，也不一定同一。从学派思想的发展中去看，法相足以表示上座系阿毗昙论的特色。《俱舍论》已经略去，《阿毗昙心论》《杂心论》等，都开头就说：佛说一切诸法有二种相，一自相，二共相。所以阿毗昙论，特别是西北印学者的阿毗昙论，主旨在抉择自相、共相、因相、果相等。说到一切法，即用五蕴、十二处、十八界来类摄，这是佛陀本教的说明法，古人造论即以此说明一切法相。依此一切法，进一步的说到染、净、行、证，这是古代佛法的形式。

后来，佛弟子又创色、心、心所、不相应行、无为的五类法，如《品类足论》即有此说。但此五法的次第，与《百法明门论》等先说心心所不同。为何如此？色、心、心所等五类，本非讲说唯识，这是分析佛说蕴、界、处等内容而来。佛陀的蕴、界、处说，本是以有情为体，且从认识论的立场而分别的。现在色、心、心所等，即不以主观的关系而区分，从客观的诸法体类而分列为五类。然此仍依蕴、界、处来，所以先说到色法。无著、世亲他们，虽接受东南印的大乘，倾向唯识，而本从西北印的学系出来。他们起初造论，大抵沿用蕴、处、界的旧方式，可说旧瓶装新酒。但等到唯识的思想圆熟，才倒转五法的次第，把心、心所安立在前，建立起以心为主的唯识大乘体系。所以，在无著论中，若以蕴、处、界摄法，都带明共三乘的法相；以唯识说，即发挥大乘不共的思想，一是顺古，一是创新。由此，把它分开研究，也确是有意思的。虚大师的说法，为什么也有意思？即是起初西北印系的法相学，到后来走上唯识，所以也不妨说法相宗归唯识。

现在，我从全体佛教的立场，想说明一点，即是：凡唯识必是法相的，法相却不必是唯识。

这是什么意思呢？如来说法，说一切法是因缘所生的，从因缘所生的诸法，开示诸行无常、诸法无我、涅槃寂静的理性。此一切法，如推论观察它以何为体性，这才有的从法相而归向唯识了。唯识有其深刻的哲学意义，是在心识为体的立场，以说明诸法的因果染净的。如所见所闻的是否即对象的本质？如色法的质碍性，是否有其实体？不是的，唯识学者从认识论的考察，加上禅心的体验，以为并无色法物质。的实性，一切一切都是依心为体性，依心而存在，这样才成立唯识学。唯识的派别也很多，如依无著、世亲等论典的思想说，以为一切法都是“以虚妄分别为自性”的。所以，佛说的因缘所生法即是依他起性；此依他起性，唯识学者，即以心、心所法为体。如《辨中边论》说“虚妄分别有”，世亲释说：虚妄分别为三界心心所法。他并非不说一切法相，而以为一切法都依心识为体的，即真如无为，也就是识的实性。这样，法相是归于唯识了。

然而，佛法的思想系中，并不一律如此，还有一条路，大小乘皆有。如有部、经部等说：蕴、处、界各有自体，即所见的色、所闻的声、以及能知的心识，各有其自体。这样的法相，即不归唯识。然此等思想，大有漏罅，因为色、声等是常识的，佛陀不过从常识的、认识论的立场，说明此等法相，所以富有常识哲学的色彩。在此等现实的法相上，指归法性，三法印与一实相印。才是佛陀的目标。所以有部等法相学，如稍加推论就引起问题了。如热手触物，初以为冷，而冷手触之，则觉得暖和。这冷与暖，果真是该物的实性吗？决不如此，这实由于根识的关系而决定。又如萨婆多部说，青黄赤白等是色法的究极实体，这也难说，因为光线和目力等的条件，会促成所见色的变化，这不过是明显的例子。所以，吾人以为如何如何，并不见得对象就是如此。所知的一切，是与心识有关系的。由此发挥到极端，于是归向到唯识论。无著、世亲论师们，就特别宣说此法相的归宗唯识。不过，常识中的色、声诸法，如以为是对象的质，这种常识的实在论，固然不能尽见佛意，但法相必归唯识，也不能使我们同情。因为吾人认识之有心识关系是对的，由心识的因缘而安立，是可以说的，然说色法唯是自心所变，即大有问题。心识真的能不假境相为缘而自由的变现一切吗？“自心还见自心”，以自心为本质的唯识论，实是忽略识由境生的特性，抹煞缘起幻境的相对客观性，而强调心识的绝对性、优越性。所以除小乘而外，大乘中，法相也不必宗归唯识。心色相待的无性缘起论——中观学者，即如此说。

这样，从法相而深入，略有两大类：一、唯识说，二、境依心有不即是心说。不但中观者从一一法相看出它的体性本空，而同时，即空而有的心色，是相依相成的缘起说。如中国天台学者中，山外派主张以理心为本而建立诸法，山家派主张一色一香无非中道，法法具足三千诸法，也还是这个唯心说与心色平等说的差别。所以单从无著、世亲的论典来谈法相与唯识，欧阳氏的分宗，能看出它的差别；虚大师的法相必宗唯识，能看出它的一致，都

有相对的正确性。但若从整个佛法来说，那应该是：唯识必是法相的，法相不必宗唯识。（向尚记）

（1946年《海潮音》第27卷第4期）

相宗新旧两译辨

相宗新旧两译不同论

梅光羲

传相宗之教义来中土者，凡有三人：一、后魏时之菩提流支；二、梁时之真谛；三、唐时之玄奘。菩提流支及真谛，世皆称为旧译，玄奘则即新译也。

菩提流支，生于北印度国，其时即佛灭后第十世纪即佛灭后千年。之中叶。及来洛阳，则当佛灭后第十世纪之末叶矣。以时考之，菩提流支或是世亲同时之人。菩提流支所译之世亲著作，即《弥勒问经论》《胜思惟问经论》《文殊问经论》《宝积经论》《法华经论》《金刚经论》《十地经论》《净土论》是也。

真谛，于佛灭后第十世纪之末叶生于优禅尼国。梁陈之时，来于中土，从事翻译。然十大论师学说竟起之事，真谛译书中皆未尝言之，或者十大论师多在真谛之后乎?

若夫玄奘之渡天也，则在佛灭十二世纪之初，去护法菩萨其时不久。护法临终灭于菩提树下，以所释论传胜军居士而诫之曰：我灭之后，凡有阅者，取金一两；脱逢神颖，当可传通。玄奘于是学瑜伽于戒贤，学唯识于胜军。其十论师中之最胜子者，且得亲受其教焉。是唯识护法学，西域当时并无传人，传其学者实为玄奘。玄奘禀承之学，已经十大论师精研之后者也，可谓集此宗之大成矣。此其传来之大概也。

今更详言之，北魏宣武帝永平元年，北印度僧菩提流支来于洛阳，宣武帝敕之与佛陀扇多共译世亲菩萨之《十地经论》，于是地论宗兴焉。《十地经》者，即《华严经·十地品》之别译者也。光统、慧顺、道慎、灵佑、慧藏、慧远、智炬诸师，皆此宗之名匠也。此宗所唱之教义，有三空之说，所谓人法我空、因缘法体空、真如佛性空是也。此宗又以第八识为第一义谛，常住不变之自性清净心，亦名真如。此真如为无始虚伪恶习之所熏，缘起而变生一切法，能变之识，即此第八真识。以是之故，一切众生悉有佛性，无有永不成佛者。其所译之《十地经论》曰：云何余处求解脱？是凡夫愚痴颠倒，当应于阿梨耶识及阿陀那识中求解脱，乃于余处我、我所求解脱。此即是流支以第八识为真如之文也。

至于真谛之所传者，则即摄论宗是也。彼以无著菩萨之《摄大乘论》为主。虽《摄大乘论》曾有佛陀扇多先真谛三十二年而译，然自真谛再译之后，世始盛讲此宗，故谓摄论宗是真谛为始，当亦无所不可。真谛于陈文帝天嘉四年译无著《摄大乘论》，并译世亲之《摄大乘释论》。其后慧旷、法常、智俨、道岳、慧休诸师，师资相承，甚讲此宗。直至法相宗风靡于世，此摄论宗乃无闻焉。真谛所译之经论，有《解节经》，即《解深密经》。并作记名《真谛记》。凡诸异议皆详记中，今不存。见圆测疏中所引各条。《决定藏论》，此即《瑜伽论》摄决择分五识身相应地、意地之各译也。后百余年《瑜伽论》乃始译出。及《转识论》《显识论》《三无性论》，此三部题下皆注明从《无相论》出。《伦记》谓《无性论》即是《显扬圣教论·无性品》。及天亲菩萨之《佛性论》，及无著菩萨之《中边分别论》，此即《辨中边论》之别译。及世亲菩萨之《大乘唯识论》。此即《唯识二十论》之别译。至彼所传之教义，则于空义立三空，于识义立九识。且谓第八识是无覆无记、是无明妄识，第三空之如来藏、自性清净心则是真如；真如受熏缘起而生一切法，能变之识唯第八识，真如则是佛性，即是九识。一切众生既皆有佛性，故一切众生应悉皆成佛，无有永不成佛者。此即真谛之教义也。

复次，若欲知真谛教义与玄奘教义两者之不同，则应对观两译之经论，今且略述之。

真谛所译之世亲《释论》曰：佛化作舍利弗等声闻为其授记，欲令已定根性声闻更练根为菩萨，未定根性声闻令直修佛道，由佛道般涅槃，乃至欲显小乘非究竟处，令其舍小求大，故现为此事。由如此义故说一乘。论曰，究竟说一乘。释曰，若释乘义，惟一乘是乘，所余非乘，故名究竟。由如此义，故说一乘。

而玄奘所译者则曰：佛化作声闻等，如世尊言，我忆往昔无量百返依声闻乘而般涅槃。由此意趣故说一乘，以声闻乘所化有情，由彼见之得般涅槃，故现此化。究竟故者，唯此一乘最为究竟，过此更无余胜乘故。声闻乘等有余胜乘，所谓佛乘。由此意趣，诸佛世尊宣说一乘。

按：此两译不同之处，在真谛则谓定姓二乘亦必由佛道而般涅槃，而玄奘译中则谓定姓二乘永不回人天乘，即非由于佛道而般涅槃，只由彼二乘道而般涅槃而已。此不同之处一也。

又，真谛所译之《三无性论》曰：一切诸法，不出三性：一、分别性；二、依他性；三、真实性。分别性者，谓名言所显自性，即是尘识分。依他性者，谓依因依缘显法自性，即乱识分，依因内根缘内尘起故。真实性者，法如如。法者，即是分别、依他两性。如如者，即是两性无所有。分别性以无体相，故无所有；依他性以无生，故无所有。此二无所有，皆无变异，故言如如。

而在玄奘所译之《显扬论》则曰：三自性者，谓遍计所执自性、依他起自性、圆成实自性。遍计所执者，所谓诸法依因言说所计自体。依他起者，所谓诸法依诸因缘所生自体。圆成实者，所谓诸法真如。

按：此不同之处，在真谛则谓分别性与依他性悉皆是空，唯真如实性是有；而玄奘则谓但遍计所执性空，而依、圆二性则皆是有。此不同之处二也。

又，三无性中第二生无性义，在真谛译者则曰：约依他性者由生无性说名无性。何以故？此生由缘力成，不由自成。缘力即是分别性，分别性体既无，以无缘力故，生不得立。是故依他性以无生为性。

而在玄奘译则曰：生无性谓依他起自性，由此自性缘力所生，非自然生故。

按：此不同之处，在真谛则谓依他不由自成，即是分别体无；而玄奘则但谓依他非自然生，不谓其无。此不同之处三也。

又，唯识真如义，在真谛译七如如之第三。则曰：先以唯一乱识遣于外境，次以阿摩罗识遣于乱识，故究竟净识也。

而玄奘译七真如之第三。则曰：由胜义谛离一异性故，当知即是清净所缘性。何以故？由缘此境得心清净故。

盖在真谛则名真如为阿摩罗识，而玄奘则不名真如为识，谓真如只是清净识所缘之境而已。此不同之处四也。

又，能变之识义，在真谛所译之《显识论》则谓显识有九种，色心诸法皆是本识之所变，本识者，盖指第八识也。而不说诸识皆是能变；而在玄奘所译之《成唯识论》则列三能变，且谓诸识皆是能变者。

例如，真谛所译之《中边分别论》则曰：由依唯识，故境无体义成。以尘无有故，本识即不生。

而玄奘所译者则曰:依识有所得,境无所得生。依境无所得,识无所得生。

按：此不同之处，在真谛则曰本识，在玄奘则但曰识，而不曰本识。此不同之处五也。

又，真谛译之《显识论》曰：一切三界，但唯有识。何者是耶？三界有二种识，一者显识，二者分别识。此盖以第八识为能变，前七识为能缘也。

而玄奘译之《成唯识论》则曰：诸心、心所，若细分别，皆有四分。此盖谓诸心、心所皆有所缘之相分，及能缘之见分等也。

此不同之处六也。

又，真谛译之《转识论》，以阿陀那为第七识。唐定宾《四分律疏饰宗记》已斥其谬，谓是真谛诵出之意，以无梵本故。至于新译之说，则以阿陀那为第八识之异名，而第七识则名为末那。此不同之处七也。

又，地论宗以第八识为净识，摄论宗则更于八识之外立第九识。而新译所谈者，既不立九识，亦不谓第八识是净识。此不同之处八也。

总观以上之八义，则两译之不同略可知矣。复次，唐灵润于新、旧两译举有十四不同义。其十四者：

一者，新译谓众生界中有一分无性有情，而旧译则谓一切众生悉有佛性。

二者，新译谓二乘之人入无余涅槃，则永不归入于大乘；旧译则说无余还生，终必回入于大乘。即前第一不同处。

三者，不定性众生回向大乘，在新译则谓于分段身增寿变易以行菩萨道，旧译则谓分段身尽而别生变易身。

四者，三乘种姓，在新译则谓是法尔本有，在旧译则谓因缘所生。

五者，佛果之事，新译则谓理智各别，四智心品，是有为生灭法。理则是真如、是体，乃无为法。旧译则谓理智不二。

六者，须陀洹之所断，新译谓唯断分别起之身见，旧译则谓亦断俱生之身见。

七者，五法之事，新译谓五法不摄遍计所执，又谓正智摄于依他起性；旧译则谓五法应摄遍计所执，正智应通于依他及圆成。

八者，新译谓十二处、十八界摄法已尽，盖谓真如亦摄在处界之中也。旧译则谓真如不摄于处界之中。

九者，新译于十二因缘说为二世一重，而旧译则说三世两重。

十者，新译但谈有作四谛而不谈无作四谛，旧译则谈无作四谛。

十一者，新译谓心所法在大乘则于心王外别立心所法，小乘则无之；旧译则谓大小乘皆同，无有区别。

十二者，新译谓心王、心所同一所缘不同一行相，旧译谓心王、心所同一所缘同一行相。

十三者，三无性观之事，新译唯遮遍计所执，旧译则遍计所执及依他起悉皆遮之。

十四者，新译谓八个识及其相应之心所皆有四分，皆能现相分，皆是缘起之本；旧译则以缘起之本限于第八识。

以上名为十四不同义。若夫真如受熏之说，则尚不在此十四义中也。统上八义及灵润十四义，但言新旧不同，而未言新旧不同之源。今盖可得而言欤。

世尊于般若会上言三无性，于深密会上言三自性。龙树本三无性以破有，无著本三自性以破空。承龙树学而推之以至其极，厥有清辨，说缘生依他无，说圆成实亦空。承无著学而推之以至其极，厥有护法，说缘生依他与圆成皆有，惟遍计无。盖二谛立教，胜义一切空，空不至依、圆皆空，空之门不净尽；三性立教，缘生一切有，有不至依、圆皆有，有之门不善巧。依他是空，则不许杂乱识，而五种姓不立，惟独一乘；依他是有，则许有杂乱识，而五种姓独立，非独一乘。一切皆空，真如且不立，安有能所说正智为能缘、真如是所缘？一切皆有，体自是体之有，用自是用之有，故必有用之能缘正智，缘其体之所缘真如。凡此，皆清辨、护法必争之义。不争，则不能独存；不异，则不能同立；而实水火相显、一多相现、万物并育而不相害、道并行而不悖也。由破有而空，中间既经多级，始成其空；则由破空而有，中间亦必经其多级，始成其有。

十大论师从空而之有，实始于安慧。其说不似空宗，并破赖耶而有唯识。然四分未明，多义未备，犹用空宗之义，且并作《中观释论》，是为空有过渡之学。真谛等，皆是学也。既异清辨一切皆空而许识有，又异护法一切皆有而不许依他为有，故五姓、三性、真如是识，一切皆用旧说，惟独标识而别之而已。此所谓过渡唯识学也。由安慧而难陀等以至于护法，则一一破立，最后加密，中经多级坚立不移，故唯识学至护法而确然可立矣，亦唯识学至护法而纯粹以精矣。非真谛之故异护法，亦非其别有一途，实以是学不至护法，学级未穷，创始自粗，历终自精，理有固然，无足怪也。十家之学展转立破，以极于护法，谓予不信，请阅《唯识述记》。

（1931年《海潮音》第12卷第4期）

《相宗新旧两译不同论》书后

太虚

此论为梅撷云居士著。居士相宗著述颇多，覃研法相，几三十年，视欧阳竟无犹早。按：竟无初习贤首，民三以刻《唯识枢要》等，乃研法相。况韩清净等乎？宣统二年，居士服官广州，余亦应粤人请，在广州设佛学精舍。旋住持白云山双溪寺，与居士时相过从，蒙赠余《成唯识论述记》，为余对于识论研究之一助。余初从八指头陀参禅及依水月禅师七塔寺方丈。诵持《楞严》《法华》等，亦从道阶法师、杨仁老、谛闲法师等，究天台、贤首教义及《相宗八要》《唯识心要》诸书，与圆瑛、现天童寺方丈。云泉、已故。静观、现金山方丈。昱山等为友。然于佛法之悟入，乃在慈溪西方寺之阅《大般若经》。由此以融照禅、净、台、贤，及《华严》《法华》《楞严》《涅槃》与《起信》《中观》《大智度》《十住毗婆娑》等论，皆灿若心影了无疑滞。然未涉律藏、陀罗尼藏，而于法相经论则犹往往惮其艰涩。其持佛法以入世救人之心，则激发于清季兴学校毁佛寺之事，及谭嗣同、章太炎、严又陵、梁启超等关于佛学之议，乃起而为护法宣教、振僧兴学之运动。此为余光绪三十四年至民国三年间之心境。民三闭关普陀，禅隙乃专观法相经论以及律藏，间及密部。遂知整僧在律，而摄化学者世间需于法相，奉以为能令久住正法饶益有情之圭臬，逮今又十四五年矣。然自居士以《述记》赠余，携身畔者数年，暇即一览，当时亦未尝非诱余闭关普陀之一缘欤！

顾自宣统二年冬，居士移官湖北提法司之后，二十年来迄未晤面。民二十年元月，余自峨嵋返厦，由鄂过京，乃与居士相值，当荷赠以近著三四，而此论即其一也。途次阅之，触想不少。复以此论虽已刻行而见者犹寡，拟付《海潮音》转载之，因乘暇隙，一叙居士与余之夙缘，并附商榷之意焉。

此论先辨传世亲学三大译师关于世亲时代之先后，遂以流支、真谛为旧，玄奘为新。论八义不同，并附唐灵润所举十四不同义。终推两译所由以不同之源，归于从空至有之学级历程，始粗终精所致，理明辞晰。既为时彦谈唯识古学新学所依准矣，但余有商榷之二事。

一、世亲之时代。释尊示世年代，近人因锡兰所传与众圣点记相近，遂一依众圣点记计之。此论以流支为世亲同时之人，亦依此以言。但观较先流支在华译传世亲学之勒那摩提、佛陀扇多，梵本不同，译文互异，似皆非亲承正传世亲之学者。由此可知其时世亲之论著已广流布。以古代交通抄写传习种种之不便，一学说新兴至广流布，终须阅五十年百年方可。故余意众圣点记年代，必须推早百余年，始与中国古来许多译经之史实，才得无阂。如此，则流支应后世亲百余年。故世亲较早罗什，陈那较早真谛，罗什得译世亲之《百论释》，真谛得译陈那诸论也。否则罗什译《百论》之释者，纵可说为另一婆薮；而较早陈那之真谛，壮年即来中国，中间又未回印土，乃已携陈那所著而为翻译，终为不可解之史实。即此流支、勒那、佛陀等亦来华颇早，于同厥年代世亲其人之学，已各从不同之处而来国外译传，亦同为不可解之事。故时代上，余以为世亲应早流支百年，真谛百余年，玄奘三百年也。

二、传学之泛正。世亲造论既广，殆从小乘而旁及大乘全部。虽自所宗成熟在唯识，而不必对于释任何经论皆一本其严格之自宗以说，而无随大乘通义，或随他人意之说也。故亲承世亲之学者，亦不妨所传有异，如奘门或传俱舍或传唯识，亦不一致。按初期译世亲论著，固以流支为夥。然除《十地论》之翻译涉及摩提、扇多三人外，摩提又译有世亲之《法华论》，扇多又译有世亲之《摄大乘论释》，此译内容尚未研考。而当时所传为地论宗之说者，则出扇多弟子慧光，传系慧光糅合扇多、摩提、流支三人异译所成。而此三人态度相异，扇多以传禅著称，不重传译经论；摩提泛传大乘经论，似不专重世亲者；流支似专传世亲学，但其译传者，乃在世亲泛释诸大乘经之释论，而不在其特明所宗之唯识学。故可云初期流支等所传译者为泛世亲学。而慧光所据以折衷者，且在扇多之说。吾意扇多即禅宗初祖菩提达磨，而慧光即二祖慧可神光。其以第八识为真心即真如，乃是禅宗宗本之真心，所谓元是菩提、本无烦恼者。如此则初译之地论宗所传，一因系泛世亲学，二因又牵强被夺于禅宗师之意旨，相传流支与达磨交恶，当亦因此。故而如此。如后代永明及憨山、紫柏等禅师之说法相唯识，多以摄唯识归禅宗为旨，而非悉由其时学级未穷之所致也。至于真谛，则传译《摄大乘世亲释》及《转识》《显识》《大乘唯识》诸论，似传译专宗唯识之正世亲学者。然细观其误阿陀那为第七末那一事，可见其学无根柢，每多随意揣测为说。则其以阿摩罗为第九识即真如，及第八阿黎耶为真妄和合识等，可知其亦由对于世亲误解意揣而致此。似元明清台贤宗人等说法相唯识学，每多误解意揣之词气者然，而非悉由学级未穷之所致也。故吾意学级历程亦诚有关，如唯识学至护法乃确然可立、纯粹以精是也，然其中若以第八识为真如，及以阿陀那为第七识等，则不能诿以学级始粗末精之关系。以世亲之《百法论》已显然将第八识列于有为心法，而真如则列于无为法。又《三十论》亦显然已将阿赖耶列为初能变。凡此皆为世亲已显指定之法相，流支及真谛等之所传，乃误谬于世亲之自说，非仅不合于传世亲学之护法等所说。故不应以旧译之异于新译者为亦系正传世亲唯识学者，但当视为传泛世亲学且误传者。而正世亲学，乃唯应以新译为准也。民国二十年二月十五日，在南普陀写出。

（1931年《海潮音》第12卷第4期）

读《唯识新旧两译不同论》后的一点意见

守培

佛法是圆融绝待不二法门，本无不同之义，今有唯识新旧二译不同，而不仅不同，且多反对，关心佛法者，莫不怀疑。兹有梅撷云居士，论其不同之原义，以破学者之怀疑曰：西方空有二宗，起于龙树、无著，真谛旧译，是为空有过度之学。玄奘新译，是为唯识极成之学，创始自粗，历终自精，十家之学，展转立破，理有固然，无足怪也。若谓护法精于唯识，穷其学级，真谛学在过度，不及护法者，然则无著、世亲，初创唯识，则又不如真谛耶？又太虚法师书后云：流支及真谛等之所传，乃误谬于世亲之自说，非仅不合于传世亲学之护法等所说。余谓乾竺佛法历程，及其真伪，异上二说，马鸣始作大乘论，惟依佛法，不参己见，是为纯清洁白之大乘法。至无著、天亲等，则稍带彩色矣。由护法后，则玄色满面，大乘真相完全不见矣。谓予不信，请俟剖诀二译不同。

论曰：按此二译不同之处，在真谛则谓定性二乘，亦必由佛道而般涅槃。在玄奘则谓定性二乘永不回入大乘，即非佛道而般涅槃，只由二乘道而般涅槃而已，此不同之处一也。

《法华经》云：是诸比丘、比丘尼，自谓已得阿罗汉，是最后身，究竟涅槃，不复志求阿耨多罗三藐三菩提，当知此辈，皆是增上慢人。又云：舍利弗，若我弟子，自谓阿罗汉、辟支佛，不闻不知诸佛如来，但教化菩萨事，此非佛弟子、非阿罗汉、非辟支佛。又云：若有比丘，实得阿罗汉，若不信此法，无有是处。吾佛如此一再言之。而护法乃曰：定性二乘永不回入大乘，能免违背佛说也哉？若二乘不向佛道入涅槃，则小乘与大乘隙别不能融通，小不入大，大不摄小；乃有不平等之相，大小并立故；又大乘不得圆满之相，大外有小故。又众生有二，佛法有二，唯识义不成，至理如此，而护法乃曰：定性二乘，只由二乘道而般涅槃。能免违背至理也哉？

难曰：《地持经》说诸有情无始时来，法尔成就五种性别，一者菩萨种姓，二者独觉种姓，三者声闻种姓，四者不定种姓，五者无姓。《法华》回小向大，是由不定姓练根成菩萨，此云不回，乃法尔声闻姓，如此则两说皆到。若无定姓二乘，虽令《法华》向大，云何会通《地持》法尔成就五种姓别耶？

答：切莫误解佛经，所谓五种姓者，是诸有情各各具足五种姓，非有情有五种各别不同也。夫姓者生也，谓诸众生自然而有五种生姓不同。如人初则谤佛，是为无姓；忽然变为信佛，但不据大小，是为不定姓；再变而信小乘，是为二乘姓；更进而信大乘，是为菩萨姓。如此之人，在在有之，可证诸有情各具五种姓非虚语也。若其果有定姓二乘，无姓阐提，不移不易，谓之法尔如然者。菩萨姓亦应不变成佛姓，同二乘姓法尔如然故。若菩萨可变成佛姓，何二乘姓不可变成菩萨姓耶？又无姓永远不得出生死者，不定姓亦应永远不得成佛，或成佛而有退转，是法尔不定姓故。若不定姓可成佛，而变为定姓，无姓焉能不出生死而变为有姓耶？是以依旧译，解有情各具五种姓，不增不减，平等不二，人人皆当作佛，合圣言，亦合至理。若依新译，有情有五种不同，有高有下，不平不等，有成佛有不成佛，违佛言，亦违至理。此新旧二译之境界如此，其学级之远近，理解之是否，可了然矣。然如此，何以吾佛说阐提无佛姓耶？当知吾佛说法有二种语：一、方便语，二、究竟语。言阐提无佛姓者，乃一时方便之言也。涅槃会上而说阐提有佛姓者，乃究竟之言也。

难曰：阐提成佛与不成佛，皆系佛说，此云成佛是究竟言，不成佛是方便言，彼若言成佛是方便言，不成佛是究竟言，各有所是。云何是此而非彼耶？

答：吾佛方便语及究竟语，各有作用，有一定的归属，非同世人滑稽之语，可以向彼可以向此也。所谓究竟语者，澈底而言也。方便语者，表面之言也。不可以表面之言作究竟语，亦不可以澈底之言作方便语，然虽是方便，亦真语实语，不诳不妄，绝不如世人以有言无，以无言有，虚妄不实之言也，如人于佛不生信故。佛谓之阐提，此阐提之语，将来有变更，故名方便语，虽曰方便，当时是实有其事，以阐提将来必定有信心可发故。

佛说阐提有佛姓，此有佛姓之语，决定不可移，故名究竟语。惟因阐提有成佛不成佛之两事故，成吾佛方便究竟之二语。设若阐提只有不成佛之事，而无成佛之事者，则吾佛只可说阐提无佛姓，不应再说阐提有佛姓，本无此事故，若无此事而说此言，岂免妄语诳众生乎？若信吾佛不妄语，即信阐提定有成佛之事，亦即信阐提无佛姓是方便语，非究竟语矣。吾佛既有佛姓无佛姓之两种言，阐提应有成佛不成佛两件事，旧译言阐提始不信佛，终必信佛，是二语兼到矣。新译只许无姓，不许有姓，是执在一边，缺旧译一筹明矣！违背佛语亦明矣！

论曰：按此不同之处，在真谛则谓分别性与依他性悉皆是空，唯真如实性是有。而玄奘则谓但遍计所执性空，而依圆二性则皆是有，此不同之处二也。

依他起性，一则说有，一则说空，究竟有耶？空耶？不得平空妄判，亦当究正是非，以依他起三字衡之，可断言是空非有矣。既依他起，自体必空故。若有自体，应常住不灭，不应有起故。如世间万物皆依四大而起，若离四大，则空无所有故。又新译自言，依应起者，所谓因缘所生自体，即从缘生，不应言有。如《楞严经》云：因缘和合，虚妄有生；因缘别离，虚妄名灭。又《中论》云：因缘所生法，我说即是空。经论既皆云缘生性空，而新译独谓缘生是有，根据何在哉？

若以现前诸法是有，而即以为有者。咄！此是众生妄见，非佛法也，众生执以为有故，而生死万端。佛法明见诸法皆依他起，全体是空故，而超脱生死，执依他起是有者，其为同一妄见也。又依他是有，圆成亦有。云何而名唯识哉？论者评曰：世尊于般若会上言三无性，于深密会上言三自性，龙树本三无性以破有，无著本三自性以破空。承龙树学而推之以至其极，厥有清辨，说缘生依他无，说圆成实亦空；承无著学而推之以至其极，厥有护法，说缘生依他与圆成皆有，惟遍计无。

观夫三自性、三无性，皆佛说也。本三自性，本三无性，皆不违背佛法。惟护法既不本三有，亦不本三无。二边俱违，以说依圆是有，则违佛说三无性故；说遍计是无，则违佛说三自性故。原夫佛说三自性者，是随顺世间法说也；说三无性者，是依诸法本性而说也。言龙树本三无以破有则可，言无著本三有以破空则不可，何以故？无性是真，有性是妄，本无破有，即以真破妄，故可也。本有破空，即以妄破真，故不可也。然则无著亦否乎？非也。无著不本三自性以破空，何以知之？《唯识三十颂》曰：即依此三性，立彼三无性，故佛密意说，一切法无性。可知唯识是依三自性立三无性，不本三自性以破空也。又颂三无性云：初即相无性，次无自然性，复由远离前，所执我法性。复曰：此三无性是。诸法胜义，亦即是真如，当如其性故，即唯识实性。世亲说三无性，即真如，即唯识性，亦可证无著亦本三无性矣。不知无著本三自性以破空之言根据何来耶？若无著本三自性之言无根，则护法有宗之根本皆虚矣。余知印度大乘佛法，本无空有之分，由护法误谬唯识真空而谓之有，自立有宗，反对清辨，推尊世亲，欺诳后人，妄有之宗岂真从世亲来哉？

《三十颂》曰：现前立少物，谓是唯识性，以有所得故，非实住唯识。世亲自说如此，少物尚不许有，矧可以有为宗乎？又曰：若时于所缘，智都无所得，尔时住唯识，离二取障故。世亲于唯识性上刷洗得干干净净，不但所缘之境不容有，即能缘之智亦不容有，直得能所俱尽，二边全空，始许唯识义成，世亲本空之明文如此，而护法反谓世亲本有。呜呼悲哉！假世亲之名，破世亲之法，阳奉阴违，谁知之乎？

第三不同，亦在依他起性，已如上说，故不重出。

论曰：在真谛则名真如为阿摩罗识，而玄奘则不名真如为识，谓真如只是清净识所缘之境而已，此不同之处四也。

太虚法师书后曰：然其中若以八识为真如，及以阿陀罗识为七识等，则不能诿以学级始粗末精之关系，以世亲之《百法论》

已显然将八识列于有为心法，而真如则列于无为法等。欲辨真如，实不易得，已承提起《百法论》，且以《百法论》辨真如。

余于世亲《百法论》，再四寻竟，不见真如法。或者曰：岂不知六无为法中有真如无为乎？余曰：怪哉君即以此为真如乎？误矣。当知世亲假真如之名，立无为之法，不可以真如作无为，亦不可以无为作真如也。如云金刚般若，是以金刚名般若，不可谓般若即金刚，或金刚即般若也。又如虚空无为，虚空本色法中一法，若以虚空为法，岂不有二空法乎？想受灭无为，亦不相应法中一法，若以不相应为法，岂不有二灭尽法乎？择灭无为，是于有法中随择一法；非择灭无为，是普遍有法；不动无为，即定法。以上五种无为，皆假有为法立无为名，不复立借名之法，岂有真如无为，不名无为法，而独立真如法耶？以上已明真如无为不是真如法，次明真如之在处。前五种无为之名，皆由有为而成，所谓非有为不成无为也，实不知真如无为之名成于何处也，不应真如但有名而无法耶？又不应于百法外另有真如耶？欲知真如落处，当于百法中求之，有为色法已成前五，更无再成之余地，有为心法当更详之。前六识转，诸有为法空，七识转，诸无为法空，色心俱空，八识出尘，离诸垢染，且道此时是甚么境界也，八识之体，真而不妄，如而不异，非真如而何耶？是故真谛谓真如为阿摩罗识，真谛此说本于世亲。《三十颂》云，初即相无性，即真谛以唯一乱识遣于外境也；次无自然性，即真谛次以阿摩罗识遣于乱识也；复由远离前，所执我法性，即真谛远离境识故成究竟净识也。《三十颂》又云：此诸法胜义，亦即是真如，常如其性故，即唯识实性。真谛本此，故云真如是识，非所缘之法也。太虚谓真谛学无根柢，每多随意揣测为说，岂真如此乎？玄奘谓真如只是清净识所缘之境而已。且问：真如有灭耶？无灭耶？若有灭也，不名真如，真如不变异故。若无灭也，则唯识义不成，有所缘法在故。有所缘法何以不成唯识耶？岂不见世亲《三十颂》云“以有所得故，非实住唯识”乎？新译确是学无根柢，随意揣测为说，误谬于世亲之自说，而太虚反谓之正传世亲学，我实不知根据何典而发此论议耶？读者当知，非太虚批评不是，亦非玄奘翻译不是，实在护法妄立有宗之不是，而引起无量无边之不是也。

论曰：按此不同之处，在真谛则曰本识，色心诸法皆本识之所变。有玄奘则但曰识，而不曰本识，且谓诸识皆是能变者，此不同之处五也。

真谛说之本识，即指识性而言，非谓八识也，以八识是所变，非能变故。《三十颂》颂八识云“阿罗汉位舍”，若系本识，不应舍故，以一切心法、一切色法，皆从本识之所变起，故曰一切唯识。灭一切色心诸法，还归本识，名曰证本识，故彼谓旧译有九识也。但此本识，不与八识并立，故曰本识也。新译但曰识，乃指八识而言也。八识外更不说唯识性，识色并立，夫识色并立，唯识之义何成哉？《三十颂》云八识“阿罗汉位舍”，新译谓八识即识性，永不舍，能无违背世亲唯识本义乎？

已明本识与识之得失，次明一能变与三能变之是非。《三十颂》云：由假说我法，有种种相转，依彼识所转，此能变为三，谓异熟思量，及了别境识。颂中依彼识所转之识字，即指本识而言，谓此本识，能转变以下三种心色诸法，故曰此能变为三。三者何？曰一异熟，即八识；二思量，即七识；三了别境，即六识。此故真谛谓能变唯有本识也。新译误解此能变为三之此字，是指下三变，乃以所变为能变，而曰诸识皆是能变者，若诸识皆是能变者，不知谁为所变耶？若以三界万法为所变者，云何合乎颂文“由假说我法”耶？法字姑止，我字如何安置耶？不信更有复颂证明。《三十颂》云：是诸识转变，分别由诸识。所分别，指诸境。由此彼皆无，故一切唯识。此颂心境诸法皆从本识变起，故曰彼此皆无。又云：由一切种识，如是如是变，以展转力故，彼彼分别生。彼彼犹种种也，分别指诸心而言也。此颂能变诸心法者，是一切种识，如此明文，何得误会耶？旧译色心诸法，皆从本识之所变起，正合世亲本论，新译诸识皆是能变者，能不违背世亲本论乎？再以现前事实证之，七八二识，非凡夫境界，我等固不得而知，六识是凡夫日用之心，且试能变之处，现前森罗万象，何象是我心所变耶？不得名之曰能变，而无所变之法耶。我闻佛说凡夫心为物所转，未闻凡夫心能转物也。又闻六根对六尘生六识，未闻六识能变起根尘耶。难曰：六识虽不变起实在的境界，然而从实境上，计度幻起长短方圆、大小高低等法，非从意识变起而何耶？答曰：凡从他生者绝无能生性，凡有能生性者绝不从他生，如世间之草木，由根生干，由干生枝，由枝生叶，枝干似有能生之义，实则干枝叶皆由根生也。凡夫心似有能生之义，实则心若无法，绝不能生也。新译谓诸识能生，与现前事实亦不相符矣。又《成唯识论》云：然种子义略有六种。乃至末云：唯本识中功能差别具斯六义，成种非余，种即能变义。此系新译自家拣别能变，唯有本识。又云诸识皆是能变，能无自相矛盾乎？新译之诸识皆是能变，一、违世亲，二、自相违，三、违事实，其是非可自知矣。

论曰：又真谛译之《显识论》曰，一切三界但惟有识。何者是耶？三界有二种识，一者显识，二者分别识，此盖以第八识为能变，前七识为能缘也。而玄奘译之《成唯识论》曰诸心心所，若细分别皆有四分。此盖谓诸心心所皆有所缘之相分，及能缘之见分等也，此不同之处六也。

真谛曰，三界有二种识，一者显识，论者谓此是第八识，为能变，非也。所谓显识者，显现其境相，乃第七识也。二者分别识，论者谓此是前七识，为能缘，亦非也。所谓分别识者，分别境相，乃第六识也。何知如此？《起信论》云：妄心熏习义有二种。云何为二？一者分别事识熏习，二者意即显识。熏习。三界中所有诸法，惟此二识熏习所成，若转此二识，则三界自空矣。故真谛曰：一切三界有二种识也。

问曰：云何不言八识耶？答：八识是和合性，有名无实，无所作为故不言也。如《起信论》云：不生灭与生灭和合，非一非异，名阿赖耶识，不生灭即本识，生灭即前七识。七识生，真妄和合，名阿赖耶生，实则生无所生。七识转，圆成本转，名阿赖耶灭，实则灭无所灭，以三界有二种识熏习不断故。吾佛说二种乘法以转熏之，以大乘法熏转七识，即显识。以小乘法熏转六识，即分别识。八识无所转，故吾佛但有大小二乘法而已。

已明旧译二识义，次明新译四分义，唯识四分，是护法独出新裁。人皆信以为然，而又谓能深入唯识，若问其四分之所以然，则不得而知。呜呼！不知而信者，能免盲从之讥乎？今欲明四分之内容，当先出彼立四分之主意。《成唯识论》云，又心心所，若细分之应有四分，相分、见分、自证分，复有第四证自证分。此若无者，谁证第三，心分既同，应皆证故。又自证分不应无果，诸能量者，必有果故，不应见分为第三果，见分或时非量摄故，由此见分不证第三，证自体者，必现量故。又此四分中，前二是外，后二是内，初唯所缘，后三通二，谓第二见分缘第一相分，或量非量，或现或比，第三自证缘见分，及第四证自证分；第四证自证分，唯缘第三自证分，非第二者，以无用故，第三第四皆现量摄，故心心所四分合成。

观彼立四分之主意，在证第三，谓第二能缘，第三证之，第三亦能缘，不应无证，故立第四以证第三也。且问：第四分为是本有之法，前人未见耶？为是本无此法，护法立此空名耶？若是本有之法，当有示处。若法非可示，当有圣言作证，或圣未言，当有此类显之，若此三处皆不能表示，则法无来处，必成子虚乌有。且试考之，证自证分，是护法新出，固无圣言可证矣。以现量考之，如眼见一物，物为相分，眼为见分，发见之心，即能知见者，为自证分，我实不知更有何物能知我心矣。若心外有心，即同魔说。若谓妄心外有真心者，然则真心外又有真真心，如此则又不止四分矣，而且心法虽多，不关其事者，不应当其数。彼亦曰：各具四分，非共四分也。护法虽曰证自证是现量境，千百年来却未有人见过，可知现量非真现量矣。更以比量推之，如我虽不见，不得谓无，有他人能见故，以他人之有，证我亦有。今举世无一知者见者，比量亦虚矣。

难曰：我见有以铜镜比四分者，又有以蜗牛比四分者，及其他比喻不知其数。何言比量亦虚耶？答：如此譬喻，只能令人知其法之形色而已，不能证明法之有无也，如我说心王心所当有五分，亦将一物分成五分比之，汝还信否？或再有说六分七分者，亦以一物分成六分七分比之，乃至百分千分有何不可，智者岂能于此生信乎？若证明法之有无者，必以同类证之，方能取信，如人只能证人，不能证物，物只能证物，不能证人，何以故？若一人有耳目，比一切人皆有耳目，不能比一切物皆有耳目；若一物无耳目，可证一切物皆无耳目，不能证一切人皆无耳目，是故外物不足以证心法之有无也。

考此证自证分，既不能现前指出，又不能假类发明，又无圣言考据，我不知此证自证，护法于何处得来耶？我知彼是从揣测中得来也。何以故？彼曰见分能缘，自证亦能缘，见分有自证为果，自证亦应有证自证为果，此非揣测而来乎？事非不可揣测也，揣测得当，亦无不可，不知护法揣测之义，是否得当，尚待考之。

护法云：见分、自证分、证自证分，皆是能缘之心。且问此三心，是三耶？是一耶？若是三，则唯识义不成；若是一，云何而有三名？彼必答曰：非三非一。体一故非三，用三故非一也。夫缘虑者，必须两法对立，非两法对立不能成缘，此不可移易之事。如自证与见分，既是一体，如水兴波，波水不二，如何而成缘哉？言自证缘证自证，及自证缘见分等，有似以水洗波，以尘染土，可为世间之大笑话，自证既无所缘，亦无须用证，可决定无疑矣。

又自证缘见分，自证缘证自证及证自证缘自证，皆以心缘心也。试问：心可缘否？若可缘者，请试缘之，心是何状耶？心是何色耶？若无所示，而曰缘心，能无自欺乎？《楞严经》中七处征心。心不可得，十番辨见，见不能及，新译唯识，以心缘心，视若泛常，是神通超佛耶？是妄言诳众耶？吾不得而知也。有人闻得心的名字，即作心想，谓之缘心，其实缘心名也，非缘心也。如我闻释迦名字，我即谓人曰：我亲见释迦，人必斥为妄说矣。当知心实是能缘，非所缘也，不但凡夫不能缘，即诸佛亦不能缘，非所缘故。如吾佛四十九年未曾说著一字，即指心而言也，又此法思量分别之所能到，亦指心而言也，护法谓二心现量相缘，能不诳煞世间人耶？

护法不惟不了心之实义，亦复不了心之名义，如自证分之证字，彼作证明之证，谓证明见分也。果是证明见分，当名证他，何名自证耶？若云见自同体，证他即是证自者，又何须更立证自证耶？当知自证之证字，乃证果之证，非证明之证也。自心起见缘相，有似差使取物，非是自取，故曰见分。若物已近己，亲得受用，故名自证耳。又如彼言，见分缘相分，自证证之，即此三分已成就心所矣。如自证缘见分，证自证分证之，即此三分已成就心王矣。如证自证分缘自证分，复以自证分证之，只须二分已成心王矣。论曰心王心所各具四分，不知此话恁讲，观新译之言，有似儿戏，颠倒错乱，无不有之，即此四分已不能尽出其过。若总论之，真有海墨书不尽之势矣。

问：彼义既非，正义若何？答：前三分是正，第四分是邪。当知见分能缘不能证，无体故；自证能证不能缘，无用故。此心王心所之区别也。相分是心体变起之影，与心相远，故假见分缘取，而复证之也。若不假见取，心虽有知，终不能证境，如修行者，必先假权修，而后方能证果也。所以《集量论》云：似境相所量，能取相自证，即能量及果。此以相分为所量，以见分为能量，以自证分为量果，即非相不能起见，非见不成自证，是故三分合成量果，事云结果，必无再言之理。而护法误将已成之自证分，复生蛇足，如人已成佛果，有妄作知识者，谓佛果后犹有果佛果，呜呼！冤哉冤哉！彼只知众生心本有能缘之作用，而不知心王心所分而言之，则可言心所有所缘，不可再言心王亦有所缘也。如人之身，本有行动和作为之能力，若手足与身分而言之，则可言手能作为，足能行动，而不能再言身能行动和作为也，以一人不能有二种动作，故须知足只能行动，手只能作为，不能发生行动和作为。身只能发生行动和作为，而不能行动和作为也。知其义者，当然如是，不知者，闻说人身，不能行动和作为，必责人言之非矣。其不知人身之动作，全假于手足，若离手足，则等木石矣，焉能行动和作为哉？例如自证分若离见分，妄识全无，焉有所缘之理哉？诸佛已断妄见故，不作善，不作恶，常处寂光，若自证同见分能缘外境，则诸佛与众生无异矣。护法不明此义，谓自证有所缘，不能无量果，反斥他人立法之不周，故有第四分加之。呜呼！自不知邪，而复谤正，以致违圣言，逆世理，自误误人，可悲可叹！问：自证不缘，何名为心？答：证即真缘，所谓无缘者，无所不缘也，但无所缘非无能缘也。

论曰：又真谛译之《转识论》，以阿陀那识为第七识，唐定宾《四分律疏饰宗记》已斥其谬，谓是真谛诵出之意，以无梵本故。至于新译之说，则以阿陀那为第八识之异名，而七识则名为末那，此不同之处七也。

《楞伽经》云：藏识海常住，境界风所动，种种诸识浪，腾跃而转生。此以八识比大海，以七识比波浪。《楞严经》云：陀那微细识，习气成暴流。阿陀那识既是习气，非含藏识明矣。又比以暴流，而非大海亦明矣。如此阿陀那识，岂不真正是七识乎？若以暴流比八识，更以何识比大海耶？唐定宾斥真谛之谬无梵本，我不知斥谬者本何梵本而斥之耶？新译谓阿陀那是八识之异名，我又不知本何梵本而言耶？

难曰：《三十颂》颂八识云恒转如暴流，阿陀那识亦如暴流，岂不正是八识乎？答：《三十颂》云恒转如暴流，非颂八识心王，乃颂八识心所也。颂曰：触等亦如是，恒转如暴流。谓触意受想思，恒常流转，无有停息也。若此停息，则众生成佛矣。八识含藏一切，其体不动，故曰藏识海常住，可知非以八识比暴流也。八识心所，正是七识心王，七识流注生灭，正合暴流义，七识一期生灭，正合恒转义。

论曰：地论宗以八识为净识，摄论宗则更于八识外立第九识，而新译所谈者，既不立九识，亦不谓第八是净识，此不同之处八也。

八识九识之不同，已如前说。所谓净识者，七识有覆性，名曰染污识，八识无覆性，故名净识，此对七识而名净。若八识自身，实无所谓染，亦无所谓净也。

已明八种不同义，复有唐灵润所举十四种不同义，次当明之，初二不同，如上第一。三者，不定性众生回向大乘。在新译则谓于分段身增寿变易，以行菩萨道；旧译则谓分段身尽，而别生变易身。

众生虽各具二种生死，然非了分段生死，不见变易生死，以二死不同在一身故。若谓分段身由小而壮，由壮而老，念念迁变，即为变易生死者，然则凡夫常了变易生死耶？分段身死即变易身死，无二身故，若知一身不受二死，则知新译谓于分段身增寿变易，是违法矣。若知色身受分段生死，意生身受变易生死，分段身尽，意生身生，二死有二身，则知旧译谓分段身尽，别生变易身，是合法矣。

四者，三乘种性。新译谓是法尔本有，旧译则谓因缘所生。

非法尔本有不成缘生，非缘生不显法尔本有，二说无别，但执法尔非缘生者则错矣。

五者，佛果之事。新译则谓理智各别，四智心品是有为生灭法，理则是真如，是体，无为法。旧译则谓理智不二。

凡二法对待者，总是众生法，绝非佛法。佛法不二故，绝对故。当知众生本非众生，以有心境相对故，则起我与我所，是非好丑，无量差别，皆由斯生，故名众生也。诸佛亦非诸佛，以无心境相对，理智不二故。则我与我所，是非好丑，无量差别，皆由斯灭，故名诸佛也。若新译者，谓佛果四智心品是有为生灭法。噫！谤佛甚矣。且问佛心有为，为的甚么？为善则有善报，为恶则有恶报，为不善不恶则有不善不恶报。佛若受报，岂不谤佛太甚乎？凡稍知佛法者，未有不知佛心不生不灭也，若佛自生灭，而教众生离生灭，有是理乎？新译谓佛心是有为生灭法，可谓离奇极矣，而学佛者偏尚彼说，亦可谓奇怪极矣。《楞严经》云：一人发真谛归元，十方虚空悉皆消殒。咄！是何境界耶？于这里还能说智说理欤？无理无智尚无处说起，况云理智各别者耶？吾观新译全以凡夫心妄测佛心，无奈佛心非凡夫心所能测何，若以理智各别之法，流传世间以为佛法，真要误尽苍生矣。

难曰：如师所言，正合性宗，岂可以性宗而难相宗耶？

答：佛法果有性相二宗乎？吾闻佛说一切法，为度一切心，佛因众生执相迷性故，说性宗以度之，我不知佛说相宗度何心耶？凡夫执有相也，二乘执无相也，皆无须立相，莫非因诸佛菩萨离相证性故，说相以破性耶？抑或因凡夫执相不深，而教其深执耶？尽其思量，不解吾佛说相宗所为何事。问：如此世亲何为而立相宗耶？答：我闻世亲立唯识宗，破一切相，圆成识性，正合佛说性宗，吾未闻世亲以何相为宗也。

六者，非陀洹之所断。新译谓唯断分别起之身见，旧译则谓亦断俱生之身见。

小乘有利钝二种根性。钝根见道断二十八使见惑，是合新译也；利根见道断八十八使见惑尽，是合旧译也。若谓俱生身见非陀洹所断者，试问八十八使见惑外，还有见惑否？若有，则佛有说法不尽过。若无，乌能言陀洹不断俱生身见耶？

七者，五法之事。新译谓五法不摄遍计所执，又谓正智摄于依他起性，旧译则谓五法应摄遍计所执，正智应通于依他及圆成。

五法三自性，互相包含，五法中含三自性，三自性包括五法，五法外更无有性，三性外更无有法。新译谓五法不摄遍计所执者，遍计所执非有名无实之法乎？五法中第一名法，不摄遍计而摄何法耶？至于正智有两解，若声闻之智，对凡夫之智，亦名正智，此摄依他起性，以从修得，非本有故。若诸佛本有之正智，不从外得，不属圆成而何耶？

八者，新译谓十二处十八界，摄法已尽，真如亦在其中，旧译则谓真如不摄于处界之中。

六根六尘名十二处，更加六识名十八界，且看此十八法中哪一法是真如，哪一法非生灭，若无所指示，或有所依据，若无依据，则又未免妄谈真如矣。真如不与诸法为伍。故旧译云：真如不摄于处界之中。

九者，新译于十二因缘，说为二世一重，而旧译则说三世两重。

在众生分中论过现未来，当以色身为主，色身未生之前，名为过去。色身已灭之后，名为未来，如此而论三世，未有不许者也。新译十二因缘，谓有现未二世，无过去世者。

且问：无明、行、识三支，在名色之前，名色未生，即色身未生，色身未生已前之事，不名过去，更以何事为过去事耶？又现在即未来之过去也，若此身已前之事不名过去，后身已前之事亦应不名过去，如此现在未来二世亦不能成矣。若有生以前之支，许是未来之过去，名色以前之支，何能不许是现在之过去耶?

无明、行、识为过去因，名色、六入、触、受为现在果，爱、取为现在因，有生、老、死苦恼为未来果，是为三世两重因果，循环不绝，缘觉观此悟三世缘空，故证无生。若依新译二世一重，无过去因，即无生死的因由，如声闻四谛法只有苦果，而无集因。法不周圆，修此法者，云何而悟无生耶?

十者，新译但谈有作四谛，而不谈无作四谛，旧译则谈无作四谛，有作四谛是小乘法，无作四谛是大乘法。

《涅槃经·圣行品》第七之三云：知四圣谛有二种智。一者中，二者上，中者声闻缘觉智，上者诸佛菩萨智。善男子，知诸阴苦，名为中智，分别诸阴有无量相悉是诸苦，非声闻缘觉所知是名上智。善男子，我于彼经竟不说之。新译之有作，只合小乘，而不知更有大乘也，旧译无作，则大小兼备。

十一者，新译谓心所法，在大乘则于心王外别立心所法，小乘则无之，旧译则谓大小乘皆同，无有区别。

心王心所，如世间之君臣，无君不臣，无臣不君。即无心王不成心所，无心所不成心王也。新译谓小乘只有心王而无心所，如无臣而有君。小乘不应如此，当知心王若离心所，即名出尘，是为佛心，除佛以下，尘缘未尽，皆不得无心所。如小乘既有涅槃可证，定有触意受想思，欲解念定慧，若无心所，谁修证而取涅槃哉?

十二者，新译谓心王心所同一所缘，不同一行相，旧译谓心王心所同一所缘，同一行相。

古德云：心所有三义：一、恒依心起，二、与心相应，三、系属于心，具此三义，名为心所。新译曰：心王心所不同一行相。且问：心所若有异行，或心王有异行，何得名与心相应哉！心王心所，如水之与波，未有水动而波不生者，亦未有波生而水不动者也。又凡异行相者，必不同体，若同体者，必无异行，此可断言，心王心所同一体质，何能不同行相哉？问：前四分文中曾云，心王无所缘，此何云心王心所同一所缘耶？答：心王所证之境，即心所所缘之境，一境无二境，故曰同一所缘，所缘虽同，能缘不同，故成王所。心所缘境，心境相对，故名有所。心王证境，境即自心，故名无所也。

十三者，三无性观之事，如上第二不同，此不更述。

十四者，新译谓八个识，及其相应之心所，皆有四分，皆能现相分，皆是缘起之本，旧译则以缘起之本限于第八识。

八个心王，及八王相应之心所，总计不下有四五百心。若各各皆是缘起之本，且问：唯识二字如何说起？所谓本者，如水之源，如木之根，根源之下，更无余地，故谓之本。又本者，诸法本此而生也。若心所是缘起之本者，云何心所恒依心起耶？若六识是缘起之本者，云何六识依七识而起耶？若七识是缘起之本者，云何七识依识性而起耶？识性无有起处，是真缘起之本矣。真谛本此，可谓得其真矣。新译认枝叶而为根本，本字之义尚未了解，而欲谈缘本之实事，岂异生盲而欲辨颜色乎哉？

以上新旧二译，共有二十二种不同义，旧译无一非处，新译无一是处，当知新译之非，犹不止此。简直言之，凡新译不同旧译者，皆无是处。余言：印度大乘佛法至护法时间，满面玄黄，不见本来真相，非过言也。护法生于印度，当大乘佛法无人之际，彼乃逞一己之私见，破真正之佛法。学者厌故趣新，正投其机，纵有一二知识，不能挽回末运，以致良如佛法一败涂地，诚可悲哉！至新译来此土，虽有玄奘师徒之才，而不能胜行中国者，盖当时多有明眼宗师在也，亦吾中国佛法不应消灭也。民国以来，复行新译，余因得而学之，乃知其底蕴，今得此便，为学佛者道之，冀出邪径，同登道路。若以余言为河汉者，敬待指教。

（1931年《海潮音》第12卷第9期）

在唯识学上新旧两译
关于第七第八两识论点的分歧

正果

印度大乘佛教的理论，有两大体系：一为龙树、提婆以《大般若经》等为依据而创建的般若中观学；一为无著、世亲以《解深密经》为依据而创建的法相唯识学。印度大乘佛教虽已灭亡，幸而这两大学派的经论典籍，大量地被译成汉文、藏文保存下来而发展成为中国的两大体系的完整学说，从而推动了大乘佛教在世界上的宏传与发展。法相唯识学的特点是：分析名相，谨严精密，条理清晰，体系完整，逻辑性强，在佛教哲学中独具一格。

在中国汉译传播唯识学的，前后有三个人：一是后魏时的菩提流支，译出《十地经论》与《弥勒问经论》等；二是梁时的真谛法师，译有《解节经》《决定藏论》《摄大乘论》等；三是唐时的玄奘三藏法师，他是专为法相唯识学而到印度选取经论的。他回国后，翻译出经论一千三百多卷，其中有关法相唯识学的重要经论大都译出了。还特别糅译了十大论师著作中以护法系的唯识学为主的《成唯识论》。并于译场亲自宣讲新译经论，《成唯识论》

唯授其弟子窥基著疏弘扬，于是法相唯识学在中国佛教独树一帜，蔚然成为一大宗派。故中国的法相唯识宗，实以玄奘肇其始。

玄奘法师翻译经论，在佛教译史上为一划时代的光辉人物，自奘师以前译师所出经论曰旧译，称奘译为新译。对法相唯识一系经论，亦复如是；以菩提流支和真谛所译的为旧译，对奘译称新译。旧译法相经论翻出之后，也都曾经弘盛一时，如后魏菩提流支、勒那摩提译出世亲的《十地经论》，菩提流支还译出《入楞伽经》《深密解脱经》《唯识论》，并亲自讲解，阐扬《十地经论》，继承其学者，有道宠、光统，传勒那摩提之学有慧光，地论之学分北道派与南道派，无著、世亲之学初传于中国。梁、陈之间，真谛译出《摄大乘论》《十七地论》《决定藏论》，后二论为《瑜伽师地论》中的两部分。以及《俱舍论》等，并亲自宣讲《摄论》《俱舍》与作疏记，并得慧恺、智敫、道尼、法泰、法准等师资相承讲说，《摄论》之学，隋代唐初盛于南北讲席。奘师初习《摄论》之学于道岳、慧休、法常、僧辩等，皆属于真谛系人物，唯以众说纷纭，无所适从，因是乃发誓西行取《十七地论》之决心。到玄奘新译出的唯识法相学的经论更为精确而完备，加以门下窥基力阐师说，终于树立新宗，而真谛一系因之消亡。

法相唯识旧译学派之所以消亡，其主要原因，当然是由于所出经论之不完备和义理上的混淆不清，我们可散见于奘师弟子著述的揭示指破之中。真谛是外国法师，在翻译上当然没有奘师那样梵华兼精，更加上各种条件具备的优势地位，而谛师的译业是处在条件极差、孤军奋斗情况之下。而奘师是继承护法、戒贤；谛师是传持安慧、难陀之学。奘门弟子所指旧译谬误之处，是两者学说思想上之不同，决不能完全肯定归于真谛翻译上的谬误。如把新旧两译经论对读，的确有旧不如新，无论在立义严密、说理圆熟上都有同样看法。现在仅举玄奘弟子圆测所著《解深密经疏》卷十一中，揭示新旧两译有关七识、八识的不同说法，即可见旧译远不如新译，在学说思想上，还显有根本性的分歧。如《疏》说：

弥勒宗依《金光明》等具立八识。然依此宗西方诸师有其三说：一、菩提流支《唯识论》云，立二种心：一法性心，真如为体，此即真如，心之性故，名之为心，而非能缘；二相应心，与信贪等心所相应。解云：唯识意之性故，识之性故，亦名意识，于理无违。二、真谛三藏，依《决定藏论》立九识，义如《九识品》说。言九识者：眼等六识，大同《摄论》。第七阿陀那，此云执持，执持第八为我我所，唯烦恼障而无法执，定不成佛。第八阿梨耶识，自有三种：一解性梨耶，有成佛义；二果报梨耶，缘十八界，故《中边分别偈》云“根尘我及识，本识生似彼”，依彼论等说第八识缘十八界；三染污阿梨耶，缘真如境起四种谤，即是法执而非人执，依安慧宗作如是说。第九阿摩罗识，此云无垢识，真如为体，于一真如有其二义：一所缘境，名为真如，及实际等；二能缘义，名无垢识，亦名本觉。具如《九识章》引《决定藏论·九识品》中说。三、大唐三藏，依《楞伽》等及护法宗，唯立八识，不说第九。

上举《圆测疏》中所说菩提流支和真谛三藏关于八识、九识的建立和解说，在他们所译的经论中是有所根据的。现先将《疏》中旧译归纳为如下八点：

一、立两种心：一、法性心，二、相应心；

二、建立九个识；

三、说阿陀那是第七识；

四、说第七识唯有烦恼障没有法执；

五、第七识定不成佛；

六、第八识能缘十八界；

七、第八识能起法执；

八、第九识以真如为体。

再根据新旧旧译包括菩提流支。两译著述，对比分析，说明新旧两译关于第七识、第八识论点的分歧和抉发出新译的优异点。有些比较重要的问题，《疏》中未及录列者，亦依类并附八点内，不再另举。

一、菩提流支把心分为法性与相应两种，所说的法性心以真如为体，也就是以第八识为第一义谛常住不变的自性清净心，这在他译的《唯识论》中，也是这样说的：

> 心有二种，何等为二？一者相应心，二者不相应心。相应心者，所谓一切烦恼结使受想行识与心相应，以是故言心意与识及了别等义一名异故。不相应心者，所谓第一义谛常住不变自性清净心故。

又他所译的《十地经论》卷八说：

> 云何余处求解脱？是凡夫如是愚痴颠倒，常应于阿梨耶识及阿陀那识中求解脱；乃于余处我、我所中求解脱。

此亦是以第八识为真如为依据。

心是缘虑、集积、集起等义，是生灭无常的有为法。真如是真实不虚，如常不变，是法我所显，圣智所行的无为体。心是能缘的作用，而真如唯是所缘理体，能缘与所缘意义根本不同，怎么可以将所缘真如为能缘心呢？在玄奘法师所译的唯识学的经论中，都无“法性心”的说法，即所译的《唯识二十论》也没有《唯识论》这样一段文字。这种法性心的说法，实际是从分别论者“心性本净”的思想而来。这种思想，是声闻乘中的大众部、一说部等，是大乘经中《胜鬘经》等的说法，与奘师所传承的唯识学所说不合，故在奘师糅译的《成唯识论》中，依护法义给予破斥。如论卷二说：

> 分别论者虽作是说：“心性本净，客尘烦恼所染污故，名为杂染；离烦恼时，转成无漏；故无漏法，非无因生。”而心性言，彼说何义？若说空理（真如），空非心因，常法定非诸法种子，以体前后无转变故；若即说心，应同数论，相虽转变，而体常一。

从玄奘法师所传的唯识学来看，他与旧译建立第一义谛常住不变的“法性心”这一论点，是存在着根本的分歧的，因为与“摄一切法归有为之主”而说唯识变的意义相违故。

二、玄奘三藏所翻译的经论中，对于心识体数的建立，唯立八种。但真谛法师则建立九识，如他所译的《决定藏论》卷上说：

> 阿罗耶识：或共一识相应得生，如说于心，心有我见㤭慢为相；于有意识，于无意识，阿赖耶识恒相应生，此我慢心，取阿罗耶识为境，言是我、言有我为相。或二识俱生，谓于意识。或三识共生，谓于意、意识，于五识中随取一识。或四识相应生，于五识取二识。乃至于五、六、七识共生。……阿罗耶识对治故，证阿摩罗识。阿赖耶识是无常，是有漏法；阿摩罗识是常，是无漏法。

这是真谛三藏建立九识的依据，即于有为有漏的八识之外，另立以真如为体的第九无垢识。玄奘三藏传译的唯识学，识体只立八个。在经上的根据，如《楞伽经》颂说：

心意识八种，俗故相有别，真故相无别，相所相无故。

唯识宗所依据的宗典——六经十一论，都只说八识，没有安立九个识的。虽然在《楞伽经》颂有“八、九种种识”的说法，但在奘门的解释，这只是指的净位第八识，非别说有第九识体。这个问题，《瑜伽师地论》等，已有确定的说明，特别是世亲的论著中规定得更为明显，如《百法明门论》中就肯定说心法只有八种，被奉为唯识宗的宗典、他所著的《唯识三十论》说：

此能变唯三，谓异熟、思量，及了别境识。

论文解释说：

识所变相虽无量种，而能变识，类别唯三：一谓异熟，即第八识，多异熟性故；二谓思量，即第七识，恒审思量故；三谓了境，即前六识，了境相粗故；及言，显六合为一种。

故新译既不建立第九识，也不说第八识是净识。

这其中还有个重要的问题，即对于心识能变义的主张，旧译与新译有所不同。如真谛所译的《显识论》说：

一切三界，但唯有识。何者是耶？三界有二种，一者显识，二者分别识。显识者，即本识，此本识转作五尘四大等。何者分别识，即是意识，于显识中分别作人天长短、大小、男女、树藤诸物等。

真谛所译的《中边分别论》也说：

由依唯识故，境无体义成，以尘无有故，本识即不生。

这都是唯以第八识为能变，其余七识只为能缘。新译《唯识三十论》如上所举的，则是“能变唯三”，即异熟、思量、了别境识。八识皆为能变和能缘。如《成唯识论》在总解三种能变颂中说：

> 此三皆名能变识者，能变有二种：一因能变，谓第八识中等流、异熟二因习气……二果能变，谓前二种习气力故，有八识生，现种种相。

这里所说的两种变义，各有特定的含义。因能变的“变”，是转变义，即第八识中的等流种子和异熟种子转变生起现行的意思。果能变的“变”，是变现义，即识体自证分能变现起见分、相分的意思。真谛只知转变义，不了解果能变的变现义，故只许“转作五尘四大等”的本识名为能变。

又真谛继承安慧之学，于心心所不说四分，而奘师译的护法义建立四分，即所缘的相分、能缘的见分、自证分、证自证分。不但说诸心王有能缘义，而且诸心所亦各有所缘的相分和能缘的见分等。

三、真谛以阿陀那为第七识，如他译的《转识论》说：

> 次明能缘有三种：一果报识，即是阿梨耶识；二执识，即阿陀耶识；三主识，即是六识。

又说：

> 第二执识，此识以执著为体，与四惑相应：一无明，二我见，三我慢，四我爱。

真谛所译《显识论》也说：

> 又梨耶识是凡夫所计我处，由陀那执梨耶识执作我境，能执正是陀那故，七识是我见体故。

阿陀那在新译，是第八识的异名，如《解深密经》中说：

于六趣生死，彼彼有情堕彼彼有情众中，或在卵生，或在胎生，或在湿生，或在化生，身分生起。于中最初一切种子心识成熟，展转和合，增长广大。……此识亦名阿陀那，何以故？由此识于身随逐执持故。

梵语阿陀那，译为执持，具有三义：一、执持诸法种子，令不失坏；二、执受色根及根依处，令生觉受；三、执取结生，令苦相续。新译第八识的阿陀那，具有执持、执受、执取三义，与第七识的执著义迥然不同，在奘师所译的《成唯识论》中，有详细的解释，显然与旧译大有区别。新译第七识的梵语名“末那”，译名为意，义即思量，以缘第八识见分恒审思量而为我相故。关于末那是第七识，在《楞伽经》中有明文宣说：

阿赖耶为依，故有末那转，依止心及意，余转识得生。

又《入楞伽经》也说：

藏识说名心，思量性名意，能了诸境相，是说名为识。

世亲《百法明门论》列举八种心法中说“七末那识”，《瑜伽师地论》对第七末那识的解说则更为详明。新译阿陀那为第八识的执持义，旧译阿陀那为第七识执著我相义，两者也是有很大差距。

四、真谛所译的《转识论》说：

第二执识，此识以执著为体，与四惑相应：一无明，二我见，三我慢，四我爱。此识名有覆无记。……此识及相应法，至阿罗汉位究竟灭尽，及入无心定亦皆灭尽。若见谛害烦恼，识及心法，得出世道十六行，究竟灭尽。余残未尽，但属思惟。是名第二识。

又他所译的《显识论》说：

> 又梨耶识是凡夫所计我处，由陀那执梨耶识作我境，能正执受是陀那故。七识是我见体故。……陀那分别我，意识分别万法。

这就是真谛说第七识唯有烦恼障而无法执和定不成佛的根据。这种说法，在唯识十大论师中，属于安慧的主张，为护法所破斥。如《成唯识论》出安慧义：

> 此中有义：末那唯有烦恼障俱。圣教皆言三位无故，又说四惑恒相应故，又说为识杂染依故。

护法批判此说有“教理相违”九种过失，一一加以破斥。即：

（一）违经教失。《解脱经》中曾说有出世末那故。如彼颂说：

> 染污意恒时，诸惑俱生灭，若解脱诸惑，非曾有当有。

这个颂文的意思是说：有染污意，从无始以来与我痴、我见、我慢、我爱四惑相应；到无漏对治道生起时，这意从无间道断烦恼已，解脱道中便得解脱；尔时此意的相应烦恼，不唯现在没有，过去、未来也都没有了。

（二）违正量失。为证成有出世末那，护法立量云：

> 无染第六意识，定有俱生不共所依；是意识故；如有染时意识。

（三）违《瑜伽论》失。《瑜伽师地论》说，第八“藏识决定恒与一识俱转，所谓末那，意识起时，则二（识）俱转，所谓意识及与末那；若五识中随起一识，则三（识）俱转；乃至或时顿起五识，则（与）七（个识）俱转。”反之，若没有法执相应或净第七意，则住灭尽定的圣者，前六转识俱已灭尽，这时第八藏识即应当没有俱转的识。那么《瑜伽师地论》说“决定恒与一识俱转”的话，就不能成立了。因为定中无第七意，便非是“恒”定与一识俱转故。同样的道理，在住圣道时，若无净第七意，这时的第八藏识也应只有一个第六识俱转，怎么可以说“若起意识，尔时藏识定二俱转”呢？

（四）违《显扬》失。《成唯识论》引《显扬圣教论》说：

> 末那恒与四烦恼相应，或翻彼相应；恃举为行，或平等行。故知此意通染不染。

烦恼相应是恃举行，翻彼相应即反之就是无烦恼相应的平等行。显然，《显扬论》说有平等行的第七意，故知此意亦通不染。

（五）违七、八相例失。如《成唯识论》说：

> 若由论说，阿罗汉位无染意故便无第七；应由论说，阿罗汉位舍赖耶故便无第八。

这是说，假若因为《瑜伽师地论》说阿罗汉位没有第七染污意，便不许有净位第七识体，则无学位也不应当有第八识。因为《瑜伽师地论》亦说阿罗汉位舍第八阿赖耶识故。彼第八识既不唯在染位有，此第七识怎么可以说净位无呢？

（六）四智不齐失。又《庄严论》和《摄大乘论》都说无漏圣位转第七识得平等性智；若不许第七意可成净识，则佛果位的四智中的平等性智应缺所依，所依若无，能依之智亦应无故。

（七）第八无依失。又无学位的俱生我执和烦恼种现都已断尽，即染污末那已断尽了，若不许有清净的第七意，则无学位的第八识应无俱有依。

（八）二执不均失。又如未证人无我的凡夫，其我执是恒常现行的；以此例知未证法无我的二乘圣人，其法我执当然恒常现行；若不许有不染污的第七识，其法我执则没有识为所依了。

（九）五、六非同失。《瑜伽师地论》《摄大乘论》等，都以五识为同法喻，立宗因证明有第七识为第六识的俱有依。如所立量说：第六意识应有俱生增上别依；六识摄故；犹如五识。以此证成在圣道现起时及无学位，若无净第七识为第六意识的所依，则前两论所立的宗因都应有过失了。

护法以上述九义，评破安慧不许第七识有法执和清净意的说法后，总结性地说，决定有无染污意于圣道现起时、灭尽定中和无学位恒时现前。圣教说三位无末那，只是指没有染污意，决不是指净第七意。

五、旧译说第七识定不成佛，即不许有净第七意，这也是安慧的说法，与奘师所传的护法唯识学有异。这种说法，与《大乘庄严经论》不合，彼论《菩提品》说：

> 众生平等智，修净证菩提，不住于涅槃，以无究竟故。

释曰：此偈显示转第七识得平等智。也不合于《摄大乘论》所说：

> 由圆镜、平等、观察、成所作智自在，由转识蕴依故。

《无性摄论释》解释此义说：

> 由转阿赖耶识等八事识蕴，得大圆镜智等四种妙智，如数次第或随所应。当知此中转染污末那故得平等性智，初现观时，先已证得，于修道位转清净，由此安住无住涅槃，大慈大悲恒与相应，能随所乐现佛影像。

如上两论都说佛果位上的平等性智是转第七识得，怎么可以说第七识在无漏位究竟灭尽定不成佛呢？窥基在《成唯识论述记》

中根据护法义立量破斥说：平等性智定有别所依识；说转得故；如余三智。这是说，平等性智决定有所依的净识，此即净第七识，若无净第七识，平等性智也不应当存在，因为没有离开所依的心识而可有能依的智故。

六、真谛说第八识能缘十八界。如他所译的《中边分别论》颂说：

尘、根、我及识，本识生似彼。

长行文解释说：

似尘者，谓本识显现相似色等；似根者，谓识似五根于自他相续中显现；似我者，谓意识与我见无明等相应故；似识者，谓六种识。本识者，谓阿梨耶识；生似彼者，谓似尘等四物。

这是说第八根本识生起，能变似尘、根、我、识四法，也就是说第八识能缘根身、器界乃至诸识和心所等。奘法师所译的《辨中边论》则说：

识生变似义，有情、我及了。

长行解释说：

变似义者，谓似色等诸境性现；变似有情者，谓似自他身五根性现；变似我者，谓染末那与我痴等恒相应故；变似了者，谓余六识了相粗故。

这里说“识生”，没有说“本识生”。识生，是指诸识之生，如其所应地分别变似四法，即第八识缘尘根二色，第七识缘我，前六识缘六尘所了法义。这与旧译有很大的差别，在于第八识不缘心、心所等。依奘师译传的唯识学来说，第八识只缘三种境，如《成唯识论》说：

阿赖耶识因缘力故，自体生时，内变为种，及有根身；外变为器。即以所变为自所缘，行相仗之而得起故。

这就是说，第八识由亲“因”种力及业“缘”种力故，自体分生起时，即以变现的种子、根身、器界为所缘境，除此之外皆非所缘。故《成唯识论》又说：

略说此识所变境者，谓有漏种、十有色处、及堕法处所现实色，故有漏位，此异熟识但缘器、身及有漏种。

第八识为什么不变缘心、心所、他根、无为、不相应行等呢？因为第八识但随因缘势力变，所变色等必有实用，若变相分心、心所和他根等皆不能起实在的作用，故不变缘。《成唯识论》及《成唯识论述记》对此有详尽的辨析，这里不及详述了。

七、真谛依据其所译的《辩中边论》，说三界有漏心心所都是以虚妄分别为自性的理论而说第八识有法执。这也是唯识十大论师中的安慧说法，为奘师所传的护法唯识学所不许。如《成唯识论》说到我执和法执的文中，都只说第七、第六两识能起二执。如该论在关于三自性文中，举出安慧的“八识及诸心所有漏摄者皆能遍计”的说法而加以破斥。第八识不能起法执的主要理由是，起我法二执必须有慧和无明相应，世亲在《唯识三十颂》中明确地指出，说第八识只“常与触、作意、受、想、思相应”。从相应法来说，第八识既不与别境中的慧心所相应，又不与烦恼中的无明心所相应，怎么能够起法执呢？护法说明“执我、法者，必是慧故；二执必与无明俱故”，又指出《辩中边论》虽说三界有漏心是虚妄性，意思只是说有漏心由于不证真实理故，曰虚妄分别，而非一切分别心皆可说是能遍计摄。故《辩中边论》文义，不能作为第八识起法执的论证。

八、真谛所译的《决定藏论》说：

> 阿罗耶识对治故，证阿摩那识。阿罗耶是无常，是有漏法；阿摩那识是常，是无漏法。得真如境道故，证阿摩那识。

真谛所译《转识论》关于阿摩那识说：

> 此境识俱泯，即是实性；实性即是阿摩那识。

他所译《三无性论》也说：

> 由分别性永无故，依他性亦不有，此二无所有，即是阿摩罗识。唯有此识独无变异，故称如如。
>
> 唯阿摩罗识是无颠倒，是无变易，是真如如也。

真谛根据这些论义，建立第九识，并以真如为体。从奘法师译传的唯识学来看，真如是胜义谛，没有生灭变易，在世亲的《唯识三十颂》中已经明确地说：

> 此诸法胜义，亦即是真如，常如其性故，即唯识实性。

《成唯识论》解释说：

> 真谓真实，显非虚妄；如谓如常，表无变易；谓此真实，于一切位，常如其性，故曰真如。即是湛然不虚妄义。

心的含义，是积集、集起、缘虑三义，是能缘法；真如是无为常住，没有变易的诸法实性，是清净识的所缘境，不可名之为识。若说为识，则真如应像识那样有生灭造作的行相而成有为法了，还能说是常住的不变易法吗？“阿摩那识”，翻为无垢识，应即第八识的净分；而真谛另立为第九识，也违背于《如来功德庄严经》，如经颂说：

> 如来无垢识，是净无漏界，解脱一切障，圆境智相应。

由于上述道理，可以知道，地论宗以第八识为第一义谛常住不变的自性清净心，亦名真如的理论，也是不为奘门唯识学所许的。总起来说，玄奘法师译传的唯识学，既不建立第九识，更不许以真如为识体。

上面只就法相唯识学新旧两译经论中有关第七识和第八识的不同说法，略作对比叙述。此外，还有许多问题的分歧，因不专属第七、第八两识，故不牵涉。

从上列新旧两译的对比来看，旧译经论是中国法相唯识学的先驱，在翻译上不免有问题，在印度这一学说还在发展的过程中，立义粗疏，自不能免。玄奘法师发足西行的动机，正是由于这些问题的存在，所以在他的翻译工作中，体现出在学识上亦非旧译师所能及。唯识法相之学的经论到奘师而完备，奘师得弟子窥基努力阐述师说，创立慈恩宗，旧译传承只是作为附丽于新宗的历史资料了。

一九六四年四月于北京中国佛学院

（1964年《现代佛学》第3期）

见相同种别种辨

见相别种辨

景昌极

唯识二派，一今一古。护法、安慧，争议纷纭。窃思二师，义实一贯。相反相成，如彼空有。有玄奘大师，妙善取舍，折衷抉择，不落偏颇；基、测诸师，衍护法义，矫枉过正，遂尔支离。古师立言，非不善巧。千百年来，坐此不申，忘其粗浅，率尔陈疑，庶几有道，因而正之。

《成唯识论》，双列二说；观其会通，咸可冰释；《述记》为梗，横生荆棘，疑其传言，曾参己意。且就《述记》，明其相违，一为古师，辨其诬枉。

《成唯识论》第一卷中，世亲颂云：

由假说我法，有种种相转，彼依识所变，此能变唯三。

本论释云：

变谓识体转似二分，相见俱依自证起故。

基师述护法等义云：《述记》卷二。

谓诸识体即自证分。转似相见二分而生，此说识体是依他性，转似相见二分，非无，亦依他起，依此二分，执实二取，圣说为无，非依他中无此二分。

作如是言，谁能否认，不谓下语，更生枝节。

许有相见二体性者，说相见种或同或异。若同种者，即一识体转似二分相用而生。如一蜗牛，变生二角，此说影像相见，离体更无别性，是识用故。

当知自证乃识自体，见为识用，相为识相，体相用三，不即不离。非此相用有别自体，犹彼体用无别自相。种子为体，发为自证。觉性为见，状貌为相，一相一用，唯具一体。三定不离，合为一识。斯理决定，斯言善巧，不谓基师，更持异议。

若言相见各别种者，见是自体分之义用，故离识体，更无别种。即一识体，转似见分别用而生，识为所依，转相分种，似相而起。以作用别，性各不同，故相别种，于理为胜。故言识体转似二分。此依他起，非有似有，实非二分。似计所执二分见相，故立似名。相别有种，何名识变，不离识故，由识变时相方生故，非境分别心方得生，故非唯境，但言唯识。此显能变相见二分，用体别有。若无自证，二定不生，如无头时，角定非有，及无镜时，面影不起，皆于识上现相貌故。故说二分，依识体生，上来总是护法解讫。

论谓相见俱依自证，又谓识体转似二分。俱依云云，显示二分平等平等。转似云云，明谓识体自转似他，强为作解，必不可通。护法真义，岂其若是?

且致疑云：既谓识体即自证分，又许相见为二体性，斯则一识乃有二体。既有二体，便成二识，云何谓为一识二分？且自证分亦名自体，体谓具种，依他中实，三分同种，乃独称体。分谓分位，依他中假，一种三观，故并为分。不尔，相分亦当称体，疏所缘缘亦应为分，淆乱体分，莫此为甚，顾名思义，新说奚为？

复次，谓同种者，如一蜗牛变生二角，此喻不善。蜗牛二角，处所不同，而相见分不可析故。应说喻言，譬彼日光，自有明性，能明所明，体实是一。彼世间人，谓能照暗，众论皆破，兹不具说。如《百论》舍罪福品说，灯不自照，亦不照暗，何以故？明暗不并故，灯亦无能照，不能照故，亦二相过故。一能照，二受照，是故灯不自照。所照之处亦无暗，是故不能照他，以破暗故名照，无暗可破故非照。初生时，名半生半未生。生不能照如前说，何况未生能有所照。若灯有力不到暗而能破暗者，何不天竺然灯，破震旦暗？《佛地经论》亦用灯喻。就似义说，故谓自照亦能照他，彼谓四分体唯是一，可证。而彼达光非照暗者，又复妄谓，一光之内实有能明、所明二体，不悟光体实惟有一，如是一识自有觉性，能觉所觉，体实是一。彼世间人，谓觉外境，大乘广破，毋庸更辨，而彼达识非觉外者。又复妄谓，一识之内实有能觉、所觉二体，不悟识体实惟有一。

或有难言：光之所明，只是一相，识之所觉，差别种种，是故二者，不可相喻。谁谓所明，只是一相，光有大小，即大小异；光有长短，即长短异；光有强弱，即强弱异；光有成线、成星、成球，即形式异；光有颜色，即颜色异；详为剖析，乃至无量，所明既异，能明随之，勿绿色光明黄色故。非所明多，而能明一，体不二故，其理决定，如是所觉色声香味，虽各无量，而彼能觉，亦复无量，不得执为见一相多。

或复难言：如人张眼，顿见国旗，此国旗色，乃有五类，而了别用，行相唯一。是故二分，多寡不同，不可说为共依一体。此之五色，乃至万色，本是一相刹那顿现，后意分别方执为多，今姑不论。且问彼云：汝执相五，是一见分，配五相分，相既别种，则彼五相应有五种，多种现行而成，一识淆乱法相便成大失。刹那意识，缘十八界，亲所缘相，亦唯是一。不尔，意缘龟毛，应无相分，既无相分，应非有为心心所法。且一相分似五分现，尚许说为实是一分。一自体分，似二分现，云何说为非复一体？

或复难言：光非自明，人见其明。识之自觉，自觉其觉，二者不同，宁可相喻？清辨有言："随其所应，假说所立能立法同，不可一切同喻上法，皆难令有。如说女面端严如月，不可难令一切月法，皆面上有。"是故《掌珍》，立有为空。幻亦有为，而以方便令愚者悟，得立幻喻。如是吾今立识体一，光亦是识，而以方便令愚者悟，得立光喻。总立喻云：光之自体，喻如种子或自体分，明性喻见，状貌喻相，体相用三不即不离。苟会不二亦得，言二为执二体，说实一分，前为护法，后为安慧，相反相成，谁曰不然？

复次彼云："此依他起，非有似有，实非二分。似计所执二分见相，故立似名。"愚按，本论第八卷中：

> 依他起性，有实有假；聚积相续，分位性故，说为假有；心心所色，从缘生故，说为实有。

假即说假，实即说实，庶令愚者，有所适从。"非有似有，实非二分"，似此二分，即上所言分位假有，然彼又谓相见别种，体性各二，又似上言缘生实有，似此等语，实繁有徒。或有或无，颇难会意。

复次《述记》解"假"字云：

> 于一法上假施设故，若彼实者，应有多体。

今仿其论而致诘曰：相见假有，自体分上假施设故，若谓实者，斯一识上应有多体，一识多体，或彼所许。然《成唯识》第二卷言：

相见所依自体名事，即自证分。

又言：

如《集量论》伽他中说：似境相，所量；能取相，自证；即能量，及果。此三体无别。

又言：

如是四分，或摄为一，体无别故。如《入楞伽》伽他中说：由自心执著，心似外境转，彼所见非有，是故说唯心。

如是等文，不可胜举，纵善附会，岂免矛盾。凡此所引，皆护法文，并我奘师大手笔译，与彼前说，乃不相容？定知别体，非护法义。

虽是分位，而别有种，是依他起，斯有何过？既别有种，即别有体，别有体者，何谓分位？

复次，彼是分位，说为分位，是依他有。执别有种，如自体识，即计所执。如汝所执，尚非依他，岂许分位，即谓无过？

复次，彼云："相别有种，何名识变，不离识故。"以不离故，成立唯识。真唯识量，理善安立。复以不即，谓境别体，以暴易暴，孰知其非？不即即离，不离即即。不即不离，词涉矫遁，然诸佛说不即不离，前谓分位，后谓同体。相用即是体之分位。亲光有言："义用分多，非体有异，如一法上，苦无常等种种义别，而体是一。"又云："虽是一体多分，合成不即不离。"可证斯义。如阿赖耶，有其三相，因果二相，及与自相，故名异熟，及一切种，并阿赖耶，共有三名。三定不离，体无别故。三亦非即，相用异故。如称二物，二不离物；无别体故，二非即物，体相异故。如说真如与有为法，不即不离，如不离法，是其体故。真如体者，意谓法实相实理。二空所显，非即二空，不可误作数论自性，与胜论实，此可参看亲光法师《佛地经论》第七卷首辨真如义。如非即法，体用异故。参看下引吾欧阳师《抉择谈》中四重体用。相不离见其体同故，相非即见相用异故，如理应知。

复次，定不离者，体性不二，若谓二者，即着人破，如我奘师唯识量云：

真故极成色，定不离眼识。自许初三摄眼，所不摄故，同喻如眼识，异喻如眼根。

外人或立能破量云：

真故极成色，非定不离眼识，一能一所，体性异故，喻如能耕之人与所耕之地。

因仿其式而立量云：

人定不离地，自许三才摄，天所不摄故，同喻如地，异喻如天。

彼既不然，此云何尔？欲却其难，则唯有言，吾宗相见，体性不别。非他能所，所能比喻。不者，试有以语我来。

复次，体非是即，而定不离，遍阅诸法，无同法喻。即彼自解相见俱依自证起，云："如无头时，角定非有，及无镜时，面影不起。"谛观察之，喻实不伦，头之与角，非定不离，岂如自证，与彼见相，有此角处，非有彼角，岂如相见，融合无间。影不离镜，或不离面，尚是问题。广如《深密测疏》中说：镜可离面，面可离镜，影灭镜存，岂如相灭，自证随隐，镜面别体，岂如自证与见不二；或谓相见，如影随形，虽不离形，影实有体，依他诸缘而得起故。然形离影，依然故我，岂见离物，亦得独存；又形与影，空间不同，处尚不同，何不离有，展转推求，有无穷过，更设他喻，例同此破。

或有难言：正智缘如，都无所得，胜义谛中，空无有相。云何定谓见不离相？诸佛境界，不可思议，莫执语言，自生疑虑。经不云乎：“无智无得。”岂惟无相，见亦何有？又不云乎：“云何名胜义谛，答言此中智尚不得，况诸名字。”又不云乎：“无所得者得无所得。”又不云乎：“善现，当知色名诸色无性之性。”又不云乎：“一切诸法，皆同一相，所谓无相。”斯无相相，非相都无，若都无者，智应非智，如缘龟毛，等无异故。是故当知，一识体上，似能缘用说名见分，似所缘相，说名相分。二分平等，融合无间，犹如光明，状貌种种，就其明性，假说能明，就其状貌，假说所明，二定不离，体惟是一。然无明状，实有如声。暗亦是明，如《楞严》说。明谓明性，实即眼识。故不得说一切惟光。若无见相，非觉性物。亦是实有，宁得世间一切唯识？无状之明，无相之见，匪夷所思，无同法喻。正智缘如，都无所得，其意殆谓，除正智体，别无真如，可证可得。于兹护法，实获吾心。《广百论释》，智者应读。如第十卷辨胜义云：“若言如彼无分别智所行境界，究竟空无。若尔，所行究竟无故，无分别智应不得生，设许得生，亦非真智，缘无境故，如了余无，智既非真，境应是俗，又此所行，非真胜义，以是无故，犹如兔角。”《佛地经论》，亦有此说，

复次，彼云：“由识变时，相方生故。如大造色。”四大造色，说始初民，与彼五行，同其怪诞。诸佛方便，随顺世间，不究小节，故仍旧说，后人不了，巧为附会，坚湿暖动，亦胡可通，《百论》已破，此毋庸辨，引为同喻，徒害自宗，《百喻经》云：

> 昔有老母，在树下卧，熊欲来搏。老母得急，即时合树，捺熊两手，熊不得动，更有异人，来至其所。老母谓言：汝共我捉，杀分其肉。时彼人者，信老母语，即时共捉，既捉之已，老母即便舍熊而走，剩彼愚人，为熊所困。凡

夫之人，作诸异论，辞不善巧，多有诸病。后人捉之，欲为解释，不达其意，反为所困，如彼愚人，代他捉熊，反自被害，为世所笑。

愚观佛子不了经意，代他捉熊，正复相类。聊录此段，以告来者。

复次，彼云："由心分别，相境生故，非境分别，心方得生，故非唯境，但言唯识。"诚如所言，心境二者，为同时生，为非同时？非同时生，则非不离，既非不离，宁言唯识？若同时生，则不相待，此理广如三论中说。参下论所缘缘段。且仿其论，而立说云："由境有相，心方生故，非心有相，境方得生，故宁唯境，不言唯识。世俗共知，识虽不起，而境自在，勿心无相，而得生故。"彼既不然，此云何尔？诚若是者，心境不离，而体是二。即一法界，有二种法：一、有觉性，一、无觉性。既非唯识，亦非唯境。心物二元，理所必至。诚若是者，诸佛不说三界唯心，《华严经》说。一切唯觉，《密严经》说。本论皆引。愚虽不敏，敢据佛言，大声疾呼，定其非是。

又《述记》称："德光论师，先小乘学，造《十地疏》，释一心言。如言王来，非无臣从。举胜者故，非谓唯心便无境等。"本论斥为迷谬唯识，执有色种无觉性者，仔细寻思，与此异否。

或将求言，彼是外境，斥为迷谬。吾境是内，何害唯识？今且问彼：何外何内？种体异同，以判外内。岂谓空间，有内外义？自心他心，此种彼种，光光相网，俱遍法界，空间非异，而自相外，所以者何？种体异故，自体种一，似见相现，虽似二现，而实一体。就其相分，说为内境，岂彼内境，离见有体，若别有体，还成外境。

或有难言：若是，则佛不说色法。皆心法故，如心心所。谁谓色心相状无别，但不说有无觉性色。《摄大乘论》，识分四类：

一似根识，二似尘识，三似识识，四似我识。又前二识，说为色识，后之二识，名非色识，本论第七，亦引彼颂，明“诸色处，亦识为体”。如是立言，善巧绝伦，试思根尘，何亦名识，虽亦名识，相类不同。就前二类，诸佛方便说为色法；就后二类，诸佛方便说为心法，虽相不同，非一有觉一无觉性。如彼光明，无色有色，虽相不同，非一有明一无明性。

或有愚痴，谬唯识理，分别执深，即复难言：现见人畜，虽是色法，而有觉性，众所共知；现见瓦石，亦是色法，岂彼瓦石，亦有觉性？且试问彼：人之与畜，所谓他心。汝所现见，为是他心，为复他身。若是他心，他心何状？汝于何处，见他心状？若是他身，则他死顷，尸身犹存，岂谓他身，能觉他物？当知所见，既非他心，亦非他身。只汝心识，似他身现，似根似尘觉性自具。反观自身，亦复如是，故汝所执，离心识体，有别根尘，则彼根尘，遍计妄执，类彼龟毛，都无觉性。如我所明，似根、尘、识，识之一种，则此根尘，宁无觉性。譬彼光明，现红绿色，如汝所执，离自光体，有别红绿，则彼红绿，定无明性。如我所明，此红绿光，光之一种，则此红绿，宁无明性。若是之谓三界唯心，一切唯觉。山河大地，皆是妙明真心中物。

或得难言：我所谓色，指本质尘，疏所缘缘，离见有体。然此本质，八识相分，离八识体，别无本质，八识自性，见细相粗，似无觉性，非觉都无，如暗淡光，类笨重物。似无明性，明实是有，不尔，何来大圆镜智？

复次，论云：“依斯二分施设我法，彼二离此无所依故。”此须善解，方可无过，非必别体，乃为所依，妄执为有，本不待依，有体可依，不名妄执。纵实有体，无所依义。况复非有，而谓所依。譬彼妄人，谓龟毛有，除名言种，何体可依，纵他世界，龟实生毛，而此妄人，只凭臆说，彼毛于之，无所依义。倘此人说，实依彼毛，则不得言，此人为妄，我法二执，同彼龟毛。本不待依，唯依妄想。然见相分，虽无别体，实有相用，似二取现。二取习气，以是而成，非如龟毛，都无体相，必执二分，实有二体，然后说为同龟毛体。假设依言，非依二体，诸有智者，勿执依义。

故安慧师出正解云：《述记》卷二。

> 变谓识体转似二分，二分体无，遍计所执。（二分别体，是计所执。）除佛以外，菩萨以还，诸识自体，即自证分。由不证实，有法执故，似二分起，即计所执，似依他有。二分体无，如自证分，相貌亦有。（谓虽无体，而有似体之相。）以无似有，即三性心皆有法执。（辨此问题，诸俟异日。）八识自体，皆似二分。如依手巾，变似于兔，幻生二耳。二耳体无，依手巾起问：此二体无识体如何转似二分？答：相见俱依自证起故，由识自体虚妄习故，不如实故，或有执故，无明俱故，转似二分。若无识体，二分亦无。故二分起，由识体有。凡是所执，体皆是无。若执自体，即执能取，不异见分，故更不说为我法依。

于次卷中，基师述难陀等义云：

> 相分体性，虽依他有，由见变为，故名唯识。此相分体，实在于内，不离于识。妄情执为似外境现，即以依他，似计所执。依此似外相分之上，世间圣教，说我法执，见变似能取，亦相分摄。

其所谓见，当于安慧之自证分，然既谓见，显能见他，不如安慧，立言善巧，虽谓相体，是依他有，由见变为，明非别体，即以见体为其体故。又谓见分变似能取，亦相分摄，其言颇精，后意分别，执二取故。观此三师，语虽各异，苟得其意，无不可通。其下基师，总结异义，兼叙奘师。糅译凡例。

> 或实说一分，如安慧；或二分，亲胜等；或三分，陈那等；或四分，护法等。（中略）初后有义，理教皆均，取舍难知，无偏胜也，今此亦尔，无偏胜故。

于兹可见，奘师已知护法新义难偏胜矣。

《成唯识论》，第二卷中，护法义云：

> 然有漏识自体生时，皆似所缘能缘相现。彼相应法，应知亦尔。似所缘相，说名相分，似能缘相，说名见分。若心心所无所缘相，应不能缘自所缘境，或应一一能缘一切，自境如余，余如自故。若心心所无能缘相，应不能缘，如虚空等。或虚空等亦是能缘，故心心所必有二相，如契经说：一切唯有觉，所觉义皆无，能觉所觉分，各自然而转。

有者有相，无者无体，斯二师意，本自周圆，当知识起，实似二分，愚夫共知，有二取故。然说为分，明非别体，谓有别体，即计所执，知是分位，名依他假，且此二分，非现量得，后意分别，方执二故，本论卷七破外境云：

> 色等外境，分明现体，现量所得，宁拨为无。现量证时，不执为外。后意分别，妄生外想。故现量境，是自相分，识所变故，亦说为有。意识所执，外实色等，妄计有故，说彼为无，又色等境，非色似色，非外似外，如梦所缘，不可执为是实外色。

今仿其论而立义云：相见二分，分明现证，现量所得，宁拨为无。现量证时，不执为二。后意分别，妄生二想，故现量证，是自证分，缘所生故，亦说为有。意识所执，相见二体，妄计有故，说彼为无，又能所二，非能似能，非所似所，如梦所缘，不可执为是实能所。

复次，《厚严经》谓“一切唯觉”，即自体分。谓能所二，自然而转，二取习气，由来久故，所觉义无，正谓相境无别体性。基师述云：“自然而转，谓见相分，各各自然从其因缘和合而起。”仍是成立相见二分，各别体性，恐非经意。

然《述记》解自证分云：

> 此二所依自体名事，言所依者，是依止义，谓相离见，无别条然各别自体此二若无一总所依者，相离见应有。是二法故，如心与所，然无别体，但二功能，起二用时，由有此体。然小乘人，心外有境，即以为所缘，大乘说无，故以彼小乘行相，为大乘相分。大乘心得自缘，别立自体分，即以为事。故以见分名行相，即小乘事。体是见分，不立自证分，无返缘故，大小二乘，所说各别。然彼难云刀不自割，如何心能自缘，别立自证分？

前言相见，许二体性，此言无体，但二功能，义似相违，语非善巧，智者一失，何用为讳。盖有为法，皆是用义。体中之体，不可言说，用中之体，斯为种子，故《成唯识》第二卷云：

> 此中何法名为种子？谓本识中亲生自果功能差别。

吾欧阳师，妙得法相，抉择体用，开为四重：

一、体中之体——一真法界

二、体中之用——二空所显真如

三、用中之体——种子

四、用中之用——现行

谓二功能，遂立二种，二种立已，即成二体。有为法中，种即体故，更加自证，应成三体，功能异故，能所别故。然基师等，非不自知，言不善巧，遂成矛盾。故下即云：“大乘心得自缘，别立自体分，即以为事。”正义正观，确乎不拔。外人不了，妄兴责难，刀不自割，心宁自缘？护法菩萨，随顺世间，为立自证，及证自证。既名为分，显为分位，又屡声明，其体不二。诸有智者，自能神会，然剖析多，则支离易，其不善巧，可得而言。

刀不自割，指不自指，能割所割，能指所指，体是二故，可离外故。光可自明，火可自热，能明所明，能热所热，体是一故，定不离故。识亦如是，能缘所缘，体是一故，定不离故。《密严经》云：“是知识分别，现境还自缘。”《深密经》云：“吾说识所缘，唯识所现故。”谓能自缘，谁曰不宜。何假多分，转滋疑虑。且自证名，谓自证自，念自起耳，境自现耳，自具觉性，无实能所，谓见缘相，犹是假说，况复自证，而能证他。又岂自证，而被他证？故安慧言，最为善巧。

或有救言，自证缘见，由比量得。如本论云：

> 此若无者，应不自忆心心所法。如不曾更境，必不能忆故。

更以理推，立证自证，圆通善巧，后起胜前，集量佛地，皆同一说。谓不相缘，何以解此？彼救非理，所以者何？凡有为法，似能缘相，及似所缘，皆得自忆，能所相待，阙一不成。无无能所，无无所能。无能之所，且假说为不曾更境或非所缘，无所之能，且假说为未更境见，或非能缘。意缘龟毛，亦有相分，不得说为无境之见。双非能所，乃不得忆，曾能曾所，皆得而忆。例如美洲未发见前，是非所缘，曾无能缘故不能忆。然当尔时，亦无人忆，有哥伦布，曾见美洲。所以者何？彼其发见，尚非能缘，曾无所缘亦不能忆。能所二分，平等平等。岂必非所乃不得忆？苟曾为能，即得而忆。是故境不喻见，见不喻境。以境喻境，以见喻见，方是极成。应立说云：

一、曾被见境，一切相分。皆得而忆。未被见境，皆不得忆，如哥伦布无有发见，谁忆哥伦布所见美洲？

二、曾更境见，一切见分。皆得而忆。未更境见，皆不得忆。如彼美洲，尚未被见，谁忆美洲为哥伦布见？

今于能上，更增一能。亦应所上，更增一所。且仿其论而立说云：相所证分亦应是有，此若无者，应不自忆曾所更境。如未更境之见，必不能忆故。彼既不然，此云何尔？《厚严颂》云：

众生心二性，内外一切分，所取能取缠，见种种差别。

今接不空所译《密严》，中有颂云：

内外一切物，所见唯自心，有情心二性，能取及所取。

其中皆似无四分义，护法引此，未为确证。窃思人忆心心所法，凡所忆者，似疏所缘。如缘他心，不亲取故。疏所缘中，见唯是能，非一刹那见通能所。所谓自证，指体而言。亦非自证，为能为所，相淆乱故，理不然故，同法喻无故，世间现量，不如是故。诸圣教中，除此三师，更不说有心内数分，一刹那间，互相缘故，当知四分，非实必需，是彼诸师，随俗假立，安慧师义，惟实一分，令人直入不二法门，简捷少过，私心慕焉。

《成唯识论》第七卷中，护法等师释所缘缘：

谓若有法，是带己相。心或相应，所虑所托。此体有二：二亲二疏。若与能缘体不相离，是见分等内所虑托，应知彼是亲所缘缘，若与能缘体虽相离，为质能起内所虑托，应知彼是疏所缘缘。

基师述云：

谓若有法者，谓非遍计所执。所执无体，不能发生能缘之识，故非是缘，即简经部，眼识缘和合色，体是假法。识虽似彼，有所缘义，而非是缘，以无体故。

今此必是有体方缘。带者是似彼境相义，即能缘之心，有似所缘之相，名带。以此理故，正量部师，般若毱多，造谤大乘论。遂破此云：无分别智，不似真如相起，应非所缘缘。戒日大王，为我大师，设十八日，无遮会时，造《制恶见论》。遂破彼云：汝不解我义，带者是挟带义，相者体相，非相状义，谓正智等生时，挟带真如之体相起，与真如不一不异，非相非非相。所虑即前义，所缘所托者即前缘义。安慧等师，既无见分，如何解所缘？若与见分等体不相离者，简他识所变，及自八识各各所缘别，唯是见分内所虑托。此有二种：一是有为，即识所变，名内所虑；二是无为，真如体不离识，名所虑托，即如自证，缘见分等，并是此辈。此有为者，四分中相分摄也，疏所缘缘，与能缘心相离法是，谓即他识所变，及自身中别识所变，仗为质者是。要为本质，能起内所虑托之相分，名疏所缘缘。

《制恶见论》，惜今不存，愚于此段，满怀疑虑。既是一体，何虑何托？虑尚是假，况有托义。若谓一体，实有二分，更互相托，而后得生。见挟带相，不名托相，相为见缘，不名托见。凡并起者，皆不相托，如同时生心心所法。经论所谓仗因托缘而后得生，而后云者，意谓果生，待彼因缘，而非因缘，待彼果生。今谓见生，托彼相缘。又谓相生，由见夹带，犹如二人，甲谓乙言，吾待汝行，然后得行；乙亦谓甲，吾待汝行，然后得行，是则二人，终不得行。如是相见，若互相托，终不得生，现见并生，故知二者，终不相托，然见与相，定不可离，二人可离，未为善喻，应云如火，具热与光，虽是并起，而不相待。且彼亦云：有为相分，即识所变，名内所虑无为现量，名所虑托，是则前者，虑而非托，亲所缘相，所缘非缘。

复次，眼缘和合，阳焰、水月，或缘实色，疏所缘缘，或有或无，亲所缘缘，应皆是有。同是相分，何莫所托，有体无体，依何而判？“识虽似彼，有所缘义，而非是缘，以无体故，今此必是有体方缘”。此所谓体，非关本质；彼是疏缘，此亲缘故，除却本质，同是影像，既同是影，何假何实？岂水中月，与彼病眼所见空华，假实有异？前托月质，后无质故，且既谓相，体、无体异，斯则前言，相具别种，不遍一切，还害自宗。

或复救言，于此奘师有一颂云：

性境不随心，独影唯从见，带质通情本，性种等随应。

可证相种，有别不别，虽违护法，未害自宗。此之一颂，文出《枢要》，多有解释，未明作者。慧沼等言，以属三藏，未识果出三藏意否？然即彼颂，判三境言，若善解之，亦自可通，此所谓境，殆兼亲疏二所缘言，托质之影，斯为性境，质自有种，故不随心，无质之影，名曰独影，影不似质。此不似言，谓反常态，非与本质比较而得。谓之带质，疏所缘缘，即是本质，有无似否，以判三境，境种境性，随应不同，岂谓影像，种无种异？后之解者，似益支离，驯至独影，亦谓别种，圆测一派。又谓性境，乃有三种，相见相质，种皆别故，参《了义灯》。其难可通，如前已说。

复次，测云：“见相定别种生，各别熏故。如论下云：论七转识，及彼相应，所变相见，性界地等，除佛果善，极劣无记，余熏本识，生自类种。基师会云：此论总相，非委细尔。又性界等，无别体种，但见分力，自体傍用。”见《学记》第一卷所引。独影如是，性境亦尔，自体傍用，此言得之，各别熏因，似未当理，故别种宗，亦不得成。亲光菩萨《佛地论》云：“如一识体，取境用多，由此熏生一种子体，亦有多用。”见第七卷。岂谓多用，即各别熏。复次，虽性等异，无害一体，譬如阳虎，貌似孔子，纵不随俗说为善貌，亦当说言貌是无记，然彼阳虎，实是恶人，三性虽异，岂谓阳虎与阳虎貌，实有二体？又如火球，既有球相，又有暖性，性相不同，火种是一，然此诸喻，皆不极成，假说共体，体实是无，若实有体，不名唯识。一切皆以识为体故，善会其意，斯在阅者。

又《枢要》等，以圣行果，征凡夫境，以不可说，释众共知，纵极巧辩，何益正理？又况其中，歧异特甚。当今之世，敌与昔异，以此服人，必非共许，以此自执，见卵求鸡，亦岂诸佛立言本意？恐厌烦文，且止于此。

或复难言：亲所缘缘，既是假说，诸圣教中，何说四缘？私忆此中，唯疏所缘，不待能缘，实有缘义，然此疏缘，亦唯是识，或己别识，或他心识，非无觉性，而为识缘，安慧等师，非无见分，唯谓见分，在识体内，以是义故，一切唯识。

正智缘如，非凡夫境。然奘师言：正智生时，挟带体相，亦无不可，如大光起，挟带一切真实相故。然此光明，与其实相，不一不异，一体二观故，非相非非相，非彼俗眼所见相故，平等一味，无分别故。疏所缘缘，亦容具有，一法界中，非只一识，光光相网，不相碍故。

尚忆昔时，偶读佛经，见说真如遍一切法，心生疑虑，所以者何？既许诸佛亲证真如，然彼真如终是所证，除彼所证，必有能证，斯则能证，非真如摄，何谓真如即是法界？后阅《中边》，悟二取无，乃知真如，唯识实性，以不即故，无尽功德，以不离故，一真法界，方便说为体相用三，而与胜论实德业异。不离识故，无质碍故，非一异故，离言说故，“非不见真如，而能了诸行”。梦中说梦，无益且止。

《成唯识论》第八卷中，述护法义，难安慧云：

> 有义一切心及心所，由熏习力所变二分，从缘生故，亦依他起，遍计依斯妄执定实有无一异俱不俱等，此二方名遍计所执，诸圣教说，唯量唯二，种种皆名依他起故（《述记》于此引《摄论》言。由有相见，得成二种）。此二种言（谓二种类，非谓种子，无性、世亲，释论可证。梁译《摄论》，则并此语，而亦无之），又相等四法、十一识等，论皆说为依他起故，下列五难不尔，无漏后得智品二分，应名遍计所执，许应圣智不缘彼生，缘彼智品，应非道谛，不许，应知有漏亦尔，一难。又若二分，是遍计所执，应如兔角等，非所缘缘。遍计所执，体非有故，二难。又应二分不熏成种，后识等生，应无二分，三难。又诸习气，是相分摄，岂非有法，能作因缘，四难。若缘所生，内相见分，非依他起，二所依体，例亦应然，无异因故，五难。由斯理趣，众缘所生心心所体，及相见分，有漏无漏，皆依他起，依他众缘而得起故。

基师《述记》，判为五难。今代安慧，略答如次：

若谓相见是识分位，仅属相用，无别自体。如是依他，我亦许有，谓别体性，即执实有，既执实有，斯遍计执，汝说执义，还复自蹈。我谓是执，正指此言，诸圣教说，唯二种种，但决不言实有多体。相等四法，虽依他起，但依他中，亦有假实，相名是假，所取摄故，分别是实，离能所取，唯是识故，正智无倒，净依他摄，亦名圆成，离虚妄故。由彼凡夫，执实有体，故《楞伽经》谓相名二，是计所执，说假为实，即是执故，若执别种，即违经意。

后得智品，似二分现，相用无边，皆不离体，诸佛实知体性不二，故非所执。有漏不尔，俱生法执，执有实体，后十地中，数数修习，胜生空观，方除灭故。答第一难。

唯有疏缘，为所缘缘，相分非缘，如前已说，岂但非缘，并非所缘，识体自现，无能所故，谓实能所，乃分别执。《净名经》云："心有攀缘，即是病根，何所攀缘？谓之三界，云何断攀缘？谓无所得。"《大智度论》释集散品云："缘是一边，观是一边，离是二边，名为中道。"二边二取，名之差别。答第二难。

基师述云："所执二法，不熏成种，以无法故，如石女儿，即后识等，应无二分。"俱生法执，所执实法，如石女儿，毫无实体，然后识生，非无法执，所以者何？以其所依虚妄分别展转熏故，见相二分亦复如是，虚妄分别，即自体分。亲光所言："如一识体，取境用多，由此熏生一种子体，亦有多用"，即是此义。答第三难。

"有漏习气，是识相分"，相非无体，即以自证为其体故，体非无相，亦以习气为其相故。"八识种子，唯自体分。复生现行，似有能诠所诠相现，说为名相。名相现行，遍计所执，相似有故。说自证种能生名相因缘，名为名相等习气，非离自证种外别有名相种，或名与相虽无实体而别有种。"《述记》十五引安慧说，答第四难。

依他起中，有假有实，二分是假，分位假故，自体是实，种体一故，谓假为实，故谓是执，如前已说。答第五难。

故护法义，自成则可，破他不足，说实一分，理善安立。

有义三界心及心所，由无始来，虚妄熏习，虽各体一，而似二生，谓见相分，即能所取。如是二分，情有理无，此相说为遍计所执，二所依体，实托缘生，此性非无，名依他起，虚妄分别，缘所生故。云何知然？诸圣教说，虚妄分别，是依他起，二取名为遍计所执。《述记》卷五十一。

“虽各体一，而似二生。”安慧此言，不落边际，似二非一，谓依他假，非同龟毛，全无相用。基师述云：

> 此师意说，唯自证分，是依他有，所取能取，见相二分，是计所执。如龟毛等，是无法故。

恐此师意，非实如是。前此基师引彼喻言：“八识自体，皆似二分，如依手巾，变似于兔，幻生二耳。二耳体无，依手巾起。”详彼喻意，耳非无体，即以手巾为自体故，非除手巾有别体性，故说为无，虽无别体，而是手巾分位差别，岂同龟毛，都无体相？故说此师意非如是，若实如是，当亦说彼谬法实相。

由是可知，二师之言，虽似相反，而实相成，恐执别体，安慧拨无；畏惑无相，护法说有。谬安慧者，谓如龟毛；迷护法者，说成别种。

《成唯识论》第八卷中释五事云：

> 或有处说，依他起性，唯摄分别，遍计所执，摄彼相名，正智真如，圆成实摄，彼说有漏心及心所，相见分等，总名分别，虚妄分别，为自性故。遍计所执，能诠所诠，随情立为名相二事。

基师述云：

十卷《楞伽》第七五法品说：今勘梵本，正与此同。然四卷《楞伽》文胜，十卷者乱。

今按四卷《楞伽》卷四亦说：

大慧，彼名及相，是妄想自性（遍计所执自性）。大慧，若依彼妄想，生心心法，名俱时生，如日光俱，种种相各别分别持，是名缘起自性（依他起自性，此亦用光喻）。大慧，正智如如者，不可坏故，名成自性（圆成实自性）。

《楞伽》五法三性相摄，与大论等，皆可相通，如前已说，仍录此段，一则证愚所立光喻；一则基师胸有成竹，虽佛所说，见与己违，则勘梵本，勘而无误，仍与己违，则径谓乱，卓尔不群。于兹可见，虽或有失，得亦甚多，正宜效法，宁得厚非。

《深密》《中边》，众论具引。愚今志疑，彼实启之，聊摘数节，以实愚言。

《解深密经》第三卷云：

慈氏菩萨复白佛言：世尊，诸毗钵舍那三摩地所行影像，彼与此心，当言有异，当言无异。佛告慈氏菩萨曰：善男子，当言无异，由彼影像唯是识故。善男子，我说识所缘，唯识所现故。世尊，若彼所行影像，即与此心无有异者，云何此心还见此心？善男子，此中无有少法能取少法，然即此心如是生时，即有如是影像显现。善男子，如依善莹清净镜面，以质为缘，还见本质，而谓吾今见于影像，及谓离质别有所行影像显现，如是此心生时，相似有异三摩地所行影像显现。世尊，若诸有情自性而住，缘色等心，所行影像，彼与此心亦无异耶？善男子，亦无有异，而诸愚夫，由颠倒觉，于诸影像不能如实知，唯是识作颠倒解。

诸识所缘，唯识所现，斯言最妙，妙在现字。盖一言缘，则涉二取，能缘所缘，似二相故。今改言现，二取自灭，能现所现，体是一故。“无有少法能取少法，然即此心如是生时，即有如是影像显现。”心与影像同因缘生，如是如是，二实一体。岂有心法能见色法？岂有见分，实缘相分，彼色等心，所行影像，中具觉性，即似尘识？执与识异，或有别种而非觉性，即颠倒解。

次同品中解能所取：

能取义者，谓五内色处，若心意识及诸心法。所取义者，诸外六处。又能取义，亦所取义。

妄分别中，均无能所。谓能所者，遍计所执。根尘识我，平等平等。以是义故，一切唯识。

《辩中边论》卷初颂云：

虚妄分别有，于此二都无。

世亲解云：

虚妄分别有者，谓有所取、能取分别，于此二都无者，谓即于此虚妄分别，永无所取、能取二性。

基师《述记》，妙得论旨。

能取所取，遍计所执，缘此分别，乃是依他，以是能缘，非所执故，非全无自性，故名为有，即所取、能取之分别，依士释名，非二取即分别持业立号。

次颂又云：

识生变似义，有情我及了。

世亲论曰：

变似义者，谓似色等诸境性现；变似有情者，谓似自他身五根性现；变似我者，谓染末那与我痴等恒相应故；变似了者，谓余六识了相粗故。

基师述云：

若安慧等旧解，乃云唯自证分，无相见者，即八识心皆能有执，此似根境，皆体是无，似情有故，名为似也。护法等云：此相分根境亦是依他，所言似此，体非实有，虚妄显现，似计所执体实有法，故立似名。

此似基师误解安慧。谁谓根境，皆体是无？即此识体，似根境现，非除识体，更有根境。谓体是一，即依他起，说有二体，即计所执，广喻如前，不烦更说，经论具在，吾闻如是，诸善知识，愿赐善解。

复次，观唯识者，顿渐不同，安慧菩萨，直遣二取；护法菩萨，且存幻相，加行而后，遣取观空，可识今师，方便渐次。聊节数段，证其会通，俾显二师，义实一贯。

《成唯识论》第九卷云，初资粮位，其相云何？颂曰：

乃至未起识，求住唯识性，于二取随眠，犹未能伏灭。

本论释云：

于唯识义，虽深信解，而未能了能所取空，此二取言，显二取取，执取能取、所取性故，二取习气，名彼随眠，随逐有情，眠伏藏识，或随增过，故名随眠。

次加行位，其相云何？颂曰：

现前立少物，谓是唯识性，以有所得故，非实住唯识。

本论释云：

复修加行，伏除二取。谓暖顶忍世第一法，既无实境离能取识，宁有实识离所取境，皆带相故，未能证实。彼相灭已，方实安住，依如是义，故有颂言：菩萨于定位，观影唯是心，义相既灭除，审观唯自想。如是住内心，知所取非有，次能取亦无，后触无所得。

次通达位，其相云何？颂曰：

若时于所缘，智都无所得，尔时住唯识，离二取相故。

本论释云：

智与真如，平等平等，俱离能取所取相故。能所取相，俱是分别，有所得心，戏论现故。如自证分，缘见分时，不变而缘，此亦应尔，变而缘者，便非亲证。

高山仰止，景行行止。虽不能至，心向往之，奋勇精进，顿悟渐修，诸有志者，曷兴乎来？

《成唯识论》最后结云：

内境与识，既并非虚，如何但言唯识非境？识唯内有，境亦通外，恐滥外故，但言唯识。或诸愚夫，迷执于境，起烦恼业，生死沉沦，不解观心，勤求出离。

哀愍彼故，说唯识言，令自观心，解脱生死。非谓内境，如外都无，或相分等，皆识为性。由熏习力，似多分生，真如亦是识之实性，故除识性，无别有法。

非谓内境，如外都无，实有相故，托识体故，非相分等，皆识为性。相谓相状，识谓觉性。二者不离，亦复不即，一体二观，相用别故。由熏习力，似多分生，非谓多分，即有多体，故除识性，无别有法，识体唯一，唯识义成。

总观此论，圆密无疵，别种别体，未见只句。亲光法师、护法同调，一体多分，旨尤明晰。基师自言，相分离见，无别条然各别自体，以如是等种种义故，知别种体，非真实义。意虽方便，语失善巧，基测诸师，当任其咎，虽然千古定论，一朝致疑，愚何人斯？狂妄乃尔。犹忆昔者，愚入支那内学院时，吾欧阳师，诏吾言曰：

> 闻之，事直心以客观，深心以探玄，广大心以博学，孝顺心以趋入。
>
> 尔来月余，虽无所得，然或有所疑，不敢不尽；未当于心，不敢苟信；泛览诸家，不存主奴；求诸佛意，不执其言。斯则区区，所堪自信。诸师事业，千古不磨，大论四依，佛徒共轨，凡吾后学，应崇斯义，廓然大公，何人何我？不以一眚，而掩大德，宁因大德，而讳一眚，罪我责我，所不敢辞，教之正之，虚衷以待。

复次，安慧师言：适获吾心，非愚志疑，都朋彼说，且彼释论，散见诸书，仅凭转述，难窥全豹。《中观》《杂集》，总谈性相，求唯识说，渺不可得，故愚所言，多凭私臆，错解彼言，将必不免。其于护法，及基师义，误会重重，亦意中事。且恐所疑，多已破义，然疑愈甚，则理愈明。诸善知识，曷中正义，总会前文，出以今语，普为有情，一解此惑，馨香祝祷，何幸如之。

（1923年《学衡》第18期）

见相别种释疑

唐大圆

荀子曰：信信信也，疑疑亦信也。信其可信，疑其当疑，皆名曰信。信疑相反，亦实相成。古德云：小疑小悟，大疑大悟，不疑不悟。疑即悟基，悟亦信本。景君昌极，出词精巧，思理密察，作《见相别种辨》。见本志第十八期。谓："基测诸师，衍护法义，矫枉过正。"又曰："妄其粗浅，率尔陈疑，庶几有道，因而正之。"能疑基测，固非粗浅；征求匡正，尤见虚怀。愧非有道，谊属他山，聊因攻错，一释此疑云尔。

疑曰：当知自证乃识自体，见为识用，相为识相。体相用三，不即不离。非此相用有别自体，犹彼体用无别自相。种子为体，发为自证。觉性为见，状貌为相，一相一用，唯具一体。三定不离，合为一识。斯理决定，斯言善巧，不谓基师，更持异议。（《见相别种辨》原文第二页）

释曰：《唯识述记》十三云：此中何法名为种子？谓本识中亲生自果功能差别。此与本识不一不异，体用因果，理应尔故。基云：本识是体，种子是用。种子是因，所生是果。此之二法，理应如是，不一不异，应详种言。是本识中亲生自果功能差别，非是自体，亦非有体，功能是用，能生自果，何得云体发为自证？若认种子是体，自证亦体，则一识中，岂有二体？以是推求相见，若云别种，别种即是别体，则一识中岂有三体？如是荆棘，处处横梗，云何能通？若知种子是用，但有功能，则相有相功，见有见能，相见功能，即二别种。相见别种，即二能生别功。此二别功，生见生相，若对自证，无异君言一相一用，又亦不异觉性为见、状貌为相。应注意者，见相相对，相见并立，若对自证，相见皆用，如是相见与识，唯具一体。三定不离，统唯一识。斯理决定，斯言善巧，勿疑基师，是持异议。

疑曰：既谓识体即自证分，又许相见为二体性，斯则一识乃有二体。既有二体，便成二识，云何谓为一识一分？且自证分亦名自体？体谓其种，依他中实，三分同种，乃独称体。分谓分位，依他中假，一种三观，故并为分。不尔，相分亦当称体，疏所缘缘亦应为分。淆乱体分，莫此为甚，顾名思义，新说奚为？（原文第二、三页）

释曰：所云许有相见二体性者，体性之体，即尊师欧阳氏所云用中之体，非同识体。用中之体，实即是用，故于体下更置性言。相见二用，同归自证，斯实一体，非有二体。谓体即种，依他中实，斯乃误认。如上已解，应更了了。分谓分位，依他中假，此实不然。相见俱依自证分起，固可云假；自证所依，既名自体，亦同称分，若复说假，然则自体亦假，以何为真？惟疑体为种，既前谓实，后复云假，矛盾自陷，咎实难辞！然分谓分位，斯亦诚然。见位其能，相位其所，能所异用，故二种别。自证位二所依，能起二用，虽或称体，然亦称分。应知对见相用，故称为体。体用同为一识，则与见相复同称分。体分判然，云何淆乱？若依君言，三分同种，然种非体，是能生功，则应见分同相分功能、相分同见分功能或见相同自证功能。体既是一，功能又同，更有何义？建立三分，且分谓分位，随分有功，随位有能，如商安商分而作交易，工素工位而作器用，农居农类而出粟帛。若云分异同用，岂可商用同工，工用同农？则四民之分亦为徒劳。顾体分名，思体用义，斯实旧说，奚疑其新？

疑曰：谓同种者，如一蜗牛变生二角，此喻不善。蜗牛二角，处所不同，而相见分不可析故。应说喻言，譬彼日光，自有明性，能明所明，体实是一。彼世间人，谓能照暗，众论皆破，兹不具说。注引《百论》罪破福品。而彼达光非照暗者，又复妄谓一光之内，实有能明所明二体。不悟光体，实惟有一。如是一识自有觉性，能觉、所觉，体实是一，彼世间人谓觉外境。大乘广破，毋庸更辨。而彼达识非觉外者，又复妄谓一识之内实有能觉、所觉二体，不悟识体实唯有一。（原文第三页）

释曰：谓同种者，如一蜗牛变生二角，此喻不善，诚如所责。但彼执同种者，仅许有自证分，不许见相二分，谓二分体无，遍计所执，如依手巾变似于兔，幻生二耳，二耳体无，亦无作用，尚堪同喻。若云如蜗牛角，蜗牛实体，角亦实用。二角同用，则是相用同见，见用同相，相见同用，能所何分？斯其不善，非关处所。若论处所，仍是误种为体，角虽异处，若其用同，应说同种。见相虽同处，若其用异，应说别种。至如君说日光喻言，颇为不伦。日之有光，光有明性，体实是一，亦无他用。能明是光，所明是物，虽三尺童，皆能了知，岂谓一光之中，有能明之用与所明之相？且请当前指此光明，谁为能光，决定非所；谁为所光，决定非能。若不能指，则能明所明尚不可说，安得为喻？如引《百论》灯不自照，亦不照暗者，则是以灯为能照，暗为所照，照暗即处所故。彼论亦曰：灯不自照，所照之处亦无暗，是故不能照他。又曰：若灯有力不到暗而能破暗者，何不天竺燃灯破震旦暗？是明就光与处所分为能所。而君乃从一光上分能所，则是灯能自照，亦此论破。灯若自照，则是以指指指，以刀割刀，岂非戏论？然君复说：光之自体，喻如种子，或自体分，明性喻见，状貌喻相。如是分剖，方乃符契。但既许见是其性，相是其状；性是能分，相是所分；功能各别，应说别种，似不合为同种之喻也。

疑曰：彼云此依他起，非有似有，实非二分。似计所执二分见相，故立似名。愚按本论第八卷中，依他起性，有实有假，聚积、相续，分位性故。说为假有，心心所色，从缘生故。说为实有，假即说假，实即说实，庶令愚者有所适从。非有似有，实非二分，似此二分，即上所言分位假有。然彼又谓相见别种，体性各二，又似上言缘生实有。似此等语，实繁有徒，或有或无，颇难会意。（原文第四页）

释曰：依他起性，有假有实，相见分位，固属假有。故基师言：实非二分，非有似有。然似计所执二分相见，功能各殊。见功在能，相功是所，能所性别，皆用中体，故曰体性。此体性别，即功能别，故名别种，非谓别种定是别体。如人手足，手分位上，功能取携，故说手种。足分位下，功能行履，故说足种。而实一人，非有二体。惟就用言，有手体性，与足体性。如彼外书，四肢四体，实指一人。岂闻四体，将误四人？一间未达，障碍重重，请就体种，精细研思。

疑曰：《述记》解假字云，于一法上假施设故。若彼实者，应有多体。今仿其论而致诘曰，相见假有，自体分上假施设故。若谓实者，斯一识上应有多体，一识多体，或彼所许。然《成唯识》第二卷言：相见所依自体名事，即自证分。又言如《集量论》伽他陀中说：似境相所量，能取相自证，即能量及果，此三体无别。又言：如是四分，或摄为一，体无别故。如《入楞伽》伽他中说：由自心执著，心似外境转，彼所见非有，是故说唯心。如是等文，不可胜举。纵善附会，岂免矛盾？凡此所引，皆护法文，并我奘师大手笔译。与彼前说，乃不相容，定知别体非护法义。（原文第四、五页）

释曰：《述记》所言，假有二种，一者无体随情假，二者有体施设假。有体施设假者，谓圣教所说，虽有法体而非我法。本体无名，强名我法，不称法体，随缘施设，故说为假。于一法上假施设者，此之一法，谓一实体。假施设故，体亦可多。但若执实，疑为多体，即应多体。此多体言，即指其法。认假为实，故被斥责。如彼假体，岂仍是一？若应是一，何云施设？假体可多，虽仿彼论而致诘责，无害彼意。所以者何？相见假有，自体分上，亦可施设为多。故一识多体，是彼所许。惟说种言，亦非执实。圣教施设，功能非体。若执为体，则是实法。相见种别，即二实体。护法不许，基师亦然。且与所引《成唯识论》，见相所依，《集量》伽他三体无别。四分一体，《楞伽》伽他心似外转所见非有。如是等文，种种说假，妙善符契，毫无矛盾，何劳附会，自生分别，无与基师。

疑曰：彼云，相别有种，何名识变，不离识故。以不离故，成立唯识。真唯识量，理善安立，复以不即，谓境别体。以暴易暴，孰知其非，不即即离，不离即即。不即不离，词涉矫遁。然诸佛说：不即不离，前谓分位，后谓同体。相用即是体之分位。复次，定不离者，体性不二。若谓二者，即著人破。如我奘师唯识量云：真故极成色，定不离眼识，自许初三摄，眼所不摄故；同喻如眼识，异喻如眼根。外人或立能破量云：真故极成色，非定不离眼识；一能一所，体性异故。喻如能耕之人，与所耕之地。因仿其式而立量云：人定不离地，自许三才摄，天所不摄故；同喻如地，异喻如天。彼既不然，此云何尔？欲却其离，则唯有言。吾宗相见体性不别，非他能所所能比喻，不者，试有以语我来。（原文第五、六页）

释曰：相用同体，固云不离，体同用别，即名种别，亦云不即。不即虽离，以体同故，不可说离。不离虽即，以用别故，不可说即。词同佛说，岂独矫遁？真唯识量，色是相分，乃自证变。眼识见分，亲取色体，同依自证，故云不离。如能耕人，与所耕地，同依于耕，体性虽异，能所不离。若人离地，人不称能，地不称所，只称人地，岂名耕地？若耕地者，人为能耕，地为所耕。一能一所，岂得相离？是故君量，只名似破，非真能破。应改正云：真故极成色，定不离眼识，一能一所同所依故；喻如能耕之人，与所耕之地。如执种体，则君后量，亦非能立。天地人三，岂是一体？人非必能，巢居舟处，与地离故。地非必所，荒岛沙漠，无人居故。俗说三才，相对立名，岂关见相与彼自证？代他捉熊，反自被害。君引《百喻》，正复相类。（因君引《百喻经》老母捉喻，便复及之。）

疑曰：吾欧阳师，妙得法相，抉择体用，开为四重：一、体中之体，即一真法界；二、体中之用，即二空所显真如；三、用中之体，即种子；四、用中之用，即现行。谓二功能，遂立二种；二种

立已，即成二体。有为法中，种即体故。更加自证，应成三体，功能异故，能所别故。（原文第十三页）

释曰：尊师欧阳，抉择唯识，颇多密意。此中所开，二体二用，实一体用。云何知然？《抉择谈》云：真如体义，绝然不生。若认为用，岂禁不生？然一真法界，不可言说，此对彼言，二空所显，故权开用。又种子义，亲生自果，功能差别。若认为体，则不能生。然以现行从种子起，故于用中，权增体名，言词方便，那得泥执。以词害意，外书所呵，矧在觳音。遽尔隔阂，若达斯义，见相种二，体亦非二。功能非体，前已破故。能所虽别，体无涉故。如上分析，略具梗概。其余未谈，类此应释。然尚论古人，应会本意。若安慧云：变谓识体转似二分，二分体无遍计所执。又云：八识自体，皆似二分。如依手巾，变似于兔，幻生二耳。二耳体无，依手巾起。如是二分体无，但许自证。相见且不谈，何有于手巾？然《述记》出义云：许有相见二体性者，说相见种，或同或异。若同种者，即一识体，转似二分相用而生。如一蜗牛，变生二角。此说影像相见，离体更无别性，是识用故。若言相见各别种者，见是自体之义用分，识为所依。转相分种，似相而起。以作用别，性各不同，故相别种，于理为胜。基师此意，谓若不许相见有体性者，同种别种，固无可言。则安慧之义，理善安立？若于相见许有体性，复说二分影像。如一蜗牛，变生二角，离体更无别性。前说体性是有，此说离体无性。词义舛互，于理应逊。即彼说相见别种者，亦非说彼相见二体。但说似一识体转似见分相用而生，故名见种。又转相分似相而起，故名相种。见相二种，非有二体，故云离体更无别性。体虽无别而性各不同，故云别种，于理为胜。此为胜言，词义圆活，非必执定，以同种者。第五观中，摄末归本。

别种则依摄境从心，方便多门。在彼当人，耦俱无猜。后起代诤，徒自纠缠。大圆肤浅，未堪释君种种志疑，徒以朋友讲习。自古所尚，学问公器，藉辨愈明，是以不惮讥嫌，聊贡鄙诚。然世览者，亦当善会。景君之说，本自圆成。兹之释疑，就别一义。易曰：天下同归而殊涂，一致而百虑。先民已知其然，后贤讵可忽诸！

（1924年《学衡》第33期）

见相别种未释之疑

景昌极

见相云云，盖认识论上根本问题，亦唯识宗命脉所在，常人皆谓见可离相，于是横增我执；皆谓相可离见，于是横增法执。为破二执，故说不离，唯其不离，故成唯识，不离之说，学唯识者无不承认，然真能领悟不离之境界者实鲜。余前作《见相别种辨》，见本志第十八期。主张古师同种之说，盖以同种之说，虽似骇人听闻，实可促人悟入不二法门，且基师之说，又实有令人不能无疑者，故不辞粗浅，反复言之。然基师等，自能领悟不离境界，夫复奚疑？纵语有未尽善巧，亦何伤其大德？余之志疑，非欲妄訾先贤，盖于未得先贤之意而执其语者三致意焉。

疑吾说者，前有吾友缪君凤林《唯识今释》，见本志第十九期。余于所作《唯识今释补义》见本志第二十五期。一篇，已详加论辩，今又有吾友唐君大圆作《见相别种释疑》，见本期。余虚衷玩索者再，觉吾疑仍有所未释。爰本朋友切磋之义，再申其说。

唐君一本基师主张，以见相用异，成立别种之说。然基师固非主张见相皆别种者，独影境之见分相分，其为同种，亦基师所极端承认，充唐君之说，必若圆测之一切别种而后可，将置奘、基“独影唯从见”之说于何地？且一念之中，而有能念所念二种，一痴心所之中而有能痴所痴二种，一睡眠心所之中而有能睡眠所睡眠二种，一痛觉、一痒觉之中而有能痛所痛、能痒所痒之二种，恐唐君亦未必能自信。念痴睡眠痛痒等，既莫不尔，推而至于一见一闻，又安能自外？此世众生，眼耳二根，特利执亦特深。不离谓离，不二谓二。智者观之，平等平等。同种之说，平淡无奇。特众生一向以能见能闻者在根身内，所见所闻者在根身外，不知二者处所不异，融合无间，骤闻是一，故谓奇耳。夫独影境者无质之影有如空华，性境者有质之影有如水月，虽一无质，而一以天上月为质，而其为影无异，岂谓空华离见无别种子，而水月离见独有别种子乎？水中月实不以天上月为质。此处天上月喻本质尘，读者善取其意。是故苟不承认独影境见相同种则已，苟加承认，则于性境亦无别因可说别种，即此独影境向种之承认，足以推翻唐君全部之说而有余，此唐君未释之疑一。

唐君一本基师主张，以能所用异，成立别种之说。然基师固非主张能所皆别种者，自证分能缘见分，见分为自证分所缘，此能缘所缘之为同种，则基、测诸师所共同承认者，是唐君纵舍窥基而取圆测，亦无以圆自教相违之说，即此自证与见同种之承认，足以推翻唐全部之说而有余，此唐君未释之疑又一。

自陈那、护法、亲光成立自证缘见以后，千余年来，无有异议，余则以为不然，说详《见相别种辨》中，友朋或以故与古人立异讥余，然亦知陈那等之说，实故与古人立异乎？余盖复古，敢云立异？真理所在，何古何今？纵吾所谓真理者实非真理，然真理从此当益显，此余之所以不避讥嫌而姑妄言之之故也。唐君若真主别种，此点当先同余说。同种别种，饶有讨论余地。若仍依傍基、测，则恐不免“代他促熊，反为自害”之讥，唐君其亦审思而明辨之。

今假定唐君脱离基测，主张一切别种，且不认自证为能缘，见为所缘之说，而一察其说之完备与否。窃犹有不能无疑者，试略论之。

体用等字，最宜详定所指。稍一不慎，即足为模棱两可之说之藏垢纳污地。有若宋儒之论体用，胜论之论实德业，笼统含混，误尽天下苍生。唯识家重在分析名相，于此尤不容忽视。今且问唯识家之体用，究何所指？曰：无为法为体，有为法为用。然无为法无同法喻，不可言说，且非离有为法而别存在，故非唯识家之置法性而专言法相者之所从事。故唯识家之体用，单就有为法言，亦可谓之用中之体，用中之用。此中又可分为二类：一者，以自体分为体，相见分为用。本识转识各有三分，即本识有本识之体用，转识有转识之体用。基师谓“本识指其自体分。是体，种子指其相分。是用”者，盖单就本识而辨体用，无害乎转识之别有其体用也。二者以种子为体，以现行为用。盖种唯是潜在功能无实作用，必现行而后有实作用，无实作用而为实作用之亲因，故假说为体。此即吾欧阳师用中之体、用中之用所由分也。唐君文云：“若认种子是体，自证亦体，则一识中，岂有二体？”此问极佳，实可补余所未及。今为答曰：就第一义言，种子非体，自证为体。就第二义言，种子为体，自证非体。然此处种子属于本识，自证属于转识，二识而非一识。虽皆谓体，亦不容有“则一识中岂有二体”之难。

复次，转识自体分之所以为体者，正以其“具种”故。所以为分者，对见相分而言，以除见相分外，别无自体分故。见相分之所以为分而不为体者，即以自体分为体故。即以自体分之种为种，而无别种故。盖世无无见之相，无无相之见。无见之相，无相之见，末由现行，皆无作用，必有一见有一相，而后有一作用。此有一作用者，非见分，非相分，名之曰自体分。自体既一，作用岂二？作用既二，自体岂一？唯识家于此，有惯用破敌之量云：

体若一者用亦应一，宗。不离用故，因。如用。喻。

用若多者体亦应多，宗。不离体故，因。如体。喻。

此所谓用，皆谓作用，非谓义用。义用可多，如狗可名犬，对牛为小，对鼠为大。此狗犬大小，皆一体之诸义用是也。作用则不然，若谓一体有多作用，即是外道之一因论。义谓名义，谓一体上假施设之名义也。

作用既一，种子岂二？种子既二，作用岂一？盖种子者，功能差别，功能差别者，潜在之各种作用。谓作用为一，而潜在之作用乃二，斯不啻自语相违。一识不容有二体，即不容有二种，岂不彰彰甚明？

又唐君云："相有相功，见有见能。"其意盖谓相有所缘用，见有能缘用，能所二用异，故非一作用。然须知能缘所缘，只是缘之一作用之两方面，而非是二作用。方面即是分位，谓本是一体，而人以意识分为多分。如一光中之能明所明，一盐中之能咸所咸是也。若果是二作用者，则不相待，如哭不待笑，笑不待哭。能哭所哭，能笑所笑，为一哭一笑之两方面，等此应知。通唯识者，贵在能所双忘，观唯一心，又乌可谓定有能所二作用也？

唐君又谓自证相见皆依他中实，引士农工商各安分位为喻，此实误解分位之义。士农工商用异体异，自证相见用同体同，岂可为喻？若谓士农工商亦是一体，则天下无复同异差别可言。古今唯识家未有敢作是说者，吠檀多众生出于大梵入于大梵之说，庶几近之。恐亦断非唐君之意。然唯识学中分位一名词，系指一体之数分位言，又乌可以世俗各安分位之分位拟之哉？今更以简明之语，辨自证相见之假实，曰：自证相见，一体三分。若谓为一，此一是依他中实。只具一种，从缘生故。若谓为三，此三是依他中假。意识假立，非有三种三体，皆从缘生故。若谓相亦独自具种而从缘生，则应以见为能缘缘。然经不说，故知不然。至于所缘缘，则指疏相分，为三分同一之缘，非见所独有。说亦详《唯识今释补义》及《见相别种辨》。

又唐君云："二角同用，角虽异处，若其用同，应说同种。"不知所谓同者，为是一耶？为相似耶？若谓是一，则明言二角，且处所异，不得为一。若言相似，即说同种，则美洲之火与中国之火，应同一火种。吾之痴与君之痴，应同一痴种，岂复可通？

唐君又谓："日光之喻颇为不伦，能明是光，所明是物。且请当前指此光明，谁为能光？谁为所光？"然吾亦谓："能觉是前六识，所觉是器世间或他心。谓本质尘，或疏相分。且请当前指此一识，谁为能识？谁为所识？"所识所在，即是能识所在。犹如所光所在即是能光所在。融洽无间，宁可析分。如于此有疑，可参阅《楞严经》七处征心段，或拙著《唯识今释补义》能见能闻者不在根身以内段。读者试思能痛所痛，不可分指，即可悟知其余。颇不见有不伦之处。至于《百论》明言灯不自照亦不照他，他字包括一切，处所为不相应行法，更不得为所照。吾亦明言识不自识亦不识他。此即余所引《解深密经》中"云何此心还见此心"一问之所由发。佛答云："此中无有少法能取少法。然即此心如是生时，即有如是影像显现。"愿读者对于此段，仔细审思。诚以能所二取，随俗假说，第一义中，平等不二，绝诸戏论，无有二取存在之余地耳。余主同种之说，正欲祛此二取之见，岂真谓此心还见此心哉？然虽无能所，而觉性宛然，如光自明，如盐自咸，何以故？能所不二故。刀指之能所二者不可喻，余亦既已言之矣。

又唐君以手足喻见相，其误亦与士农工商喻同，身体本是手足等和合假有，除手足等，各有体外，别无身体为手足所依，岂如相见之依自体？譬如众人成军，众木成林，唐君将谓众人依一军体，众木依一林体乎？军为人之和，林为木之和，唐君将谓自体分为见相分之和乎？余尝精细研思，而终无以易吾说，愿唐君与读者亦精细思之。

又唐君谓:“有体施设假,假体可多,若应是一,云何施设？”余则谓有体施设，假实无体，即以固有之体为其体故。假而有体，云何名假？云何名施设？若定谓除固有之体外，仍有假体，则此假体，即是无体随情假矣。即如于狗体上施设犬之假名，以其对牛施设小之假名，以其对鼠施设大之假名，岂谓狗犬大小即有四体？又如于诸识相续上，施设我之假名，于众人众木上，施设军林之假名，岂谓即有实我及军林之假体？

又唐君以体同用别，说不即不离，体同用别之不可通，已如前说，至谓“能耕之人所耕之地，当其为能所时，岂得相离”，则不免误解不离之意，定不离者，处所不异，而能耕者与所耕者，明明两处，何谓不离？若此而不离者，则朋友相隔千里，亦可谓之不离，何以故？二人相思，一为能思，一为所思故，且识色之不离，而可以能耕之人不离所耕之地相喻，则唯识之说，已根本不能成立。所以者何？人地不离，不可言唯人，识色不离，又安可言唯识？至谓“天地人三，岂是一体？”则正同吾说，余固谓“彼既不然,此云何尔”,不谓彼然而此尔也,责以代他捉熊,得毋见枉。

又奘师之量，余愧笨拙，实不见其精奥所在，徒觉其因之勉强，不足以服人。如有二人各立一量。其一云：“太伯曾逃之荆蛮，自许王季三子摄，文王所不摄故，同喻如仲雍，异喻如文王。”其一云：“太伯未逃之荆蛮，自许王季三子摄，仲雍所不摄故，同喻如文王，异喻如仲雍。”此二量者，虽吾人以世间现量故，知其一是一非。然其因之勉强而不足以服人则同。现传奘师之量，恐亦犹是。现传之量恰与奘师梵文之量相合否，颇是疑问。余尝代立二唯识量云：

五识之亲相分定不离其见分，宗。是识故，因。如六识之相与见。喻。

醒时诸识相分定不离其见分，宗。是识故，因。如梦中识之相与见。喻。

以意识及梦中识为喻，不离之真义乃见，虽曰不知妄作，然余终自信妄作胜于无作也，质之唐君，以为何如？

又基师“许有相见别体性者，说相见种，或同或异”云云，似同异种为“相见有体性”派中之两说，而相见无体性派，且无同种别种可言，然下又谓同种家说“相见离体更无别性”。岂非明言相见无体性，即是同种之说？此非基师词义偶涉含混，即是校刊有误，若依吾解，则此“者”字，是顿词，非代名词。盖先述自己之主张，而后分疏二说以明之者也。至于安慧之主相见无别体性，即同种说，旁证甚多，余于《唯识今释补义》见相别种段，曾列举若干，兹不赘。

吾于唐君之说，既逐段逐句而辨之矣，既主一说，求其一贯，自不得不尔，虽然吾固认唐君为畏友，其别种说，苟加修正，将必有以与吾说并行而不悖。吾于唐君之说确曾虚衷玩索者再，不知尚有误会其意者否？甚愿唐君终始研究之精神以相驳正。苟从吾说，非所敢望也。又唐君之稿与此篇之稿皆成于仓卒，章法文词，未暇修饰，吾尚拟作《见相同种说浅释》一篇，以公之于不了佛学专门名词者。唐君亦必续有所作，汇集修正，当俟他日。唐君庶几与余同志也乎？

（1924年《学衡》第33期）

释景幼南《见相别种未释之疑》

唐大圆

景君幼南，前作《见相别种辨》，主见相同种，题曰唯识志疑之一。余因作释疑一篇，颇主别种，略抉其疑而释之，念友朋观摩之益，不敢藏拙，因先寄景君，君覆函虚怀若谷，以为可入《学衡》，亦自作一篇，名《见相别种未释之疑》。书出已久，以邮寄有误，未获快览。顷在友人处见该刊，略读一过，觉能从容辨析，正合良友切磋之义。

然景君与予各所持义，皆可独立，亦可互通。即所谓俗故相有别，真故相无别者。此真俗二，亦即性相两宗之分。唯识宗相，故立种子。种子之立，为遣外道等一因生多，亦足祛禅余优侗弊。三论等宗性，不谈种子，亦不谈相，直说一心，故《起信论》真如缘起。兼关二流，义界易混，若各随所见以明自宗，皆能自立。或执此斥彼，故有王君《料简》等，即圆之解惑，亦仅说彼密意，了无偏袒也。

安慧虽宗唯识，而思想已偏向性空，故其著述如《中观释论》等，多明空义，明空谈性，固无碍于同种。若谈唯识，则在法相不乱。而法相所以能不乱者，尤在建立种子。种之立与否，辨在同异二字。谈异种即是立种，谈同种即是破之使为无种。以无种而谈性，自为正理，固无容说。若以无种而谈唯识，则是自破己宗，亦自教相违也。或复救言，但说见相不可别种，余一切法皆认有种。讵相破耶曰：一切法种皆是假立，假立愈密，乃能显真。此护法等之所以详立四分，亦主别种。若粗者许有，细即言无，则立亦无效，不如无立。

至奘师颂独影惟从见，若就独影之假言，固应只有见种，不独古德共认，即圆亦无异言；若就种之应立义言，则从见生者，亦应有假种。以无种能生，非可生故。无始以来，必有影种。藉彼见引，始生相故。且既立见相别种，独缺独影，种即不遍，亦不应理，是故独影若说有种，不可言同。说为同种，亦不可言种。法无定执，随人自取。若明斯文义以观景君未释之疑及圆所释，皆不成疑，亦无容释矣。

既涉谈辩，则卮言日出，弗可穷极。他难细数，但观景君辩体用一大段，可简者甚众。如立量云：体若一者，用亦应一，不离用故，如用。用若多者，体亦应多，不离体故，如体。略视似亦三支无缺，实则不离之因，不能证宗中能别之用一。暂勿谈因明，恐阅者难解，徒增纠纷，试思景君之衣裳可说与景君之身不离，不可说景君之身即是衣裳。纵衣裳加身时，可言是一，亦不可说景君之体仅在衣裳之用，以饮食起居等用，皆在衣裳之外故。此虽就俗谈，亦足证其世间相违及现量相违。若云此言体用，是心心所，与色法不同，不可为喻，是亦不然。色由心变，共归唯识，若欲详析，则仍赖别种，如谈同种，胡不可喻。

景君又云：此所谓用，皆谓作用，非为义用。义用可多，如狗可名犬，对牛为小，对鼠为大，此狗犬大小，皆一体之诸义用是也。此义用即是名义，一名可诠多义，与体用无关，固不待言。

又云：作用则不然，谓一体有作用者，即是外道之一因论，此亦倒植，言无条贯，今应问言：君之一体，能读书者，不应能写字，亦不应有讲学缀文谈哲理论佛法等种种作用。若谓此等皆是一用，则应讲学即是缀文，谈哲即是论佛，乃至读书即是写字等，讵非大谬。至外道之一因论，是因果关系，勿滥体用，但可说因果各有体用，不可说因仅属体，果仅属用。若谓因即是体，则善恶业因对异熟果时，其善恶业因，应皆是体，异熟果体，应即是用。若谓果即是用，则现前异熟报体，应皆是用，何得名体？若知因非即体，果非即用，则凡一体有多用者，绝不得同外道言一因生多果也。

又云：能缘所缘，只是缘之一作用之两方面，而非二作用。若果二作用者，则不相待。如哭不待笑，笑不待哭，能哭所哭，能笑所笑，为一哭一笑之两方面，此不解作用之同异义。作用异者，正因其自此方转至余方，即谓其用不同。所作有异，若谓从一作用转至两方。仍是一者，则应身之一作用，转向首与足，而首可履行，足可簪冠，何以故？其用一故。至云哭不待笑，笑不待哭者，已足表人身之一作用。转向二方，成哭笑二作用。而能哭见分，所哭相分，亦依哭笑相望转方之例，成二作用。若谓能所同是一哭，不应言二作用。则哭笑同出一人，亦不应言有二作用。总之分则有种，有种则皆可言别。不分则同，同则无可立种。惠施有言：至大无外，谓之大一；至小无内，谓之小一。大一则不可别，别则仍成小一。小一则不可同，同则仍成大一。所以者何？两一是同，大小是别，去彼大小，一一不能成两一故。

虽然君亦有言：通唯识者贵在能所双忘，观唯一心，乌可谓定有能所二作用？此言甚是，而应简别，世亦易于误解。盖能所双忘观唯一心者，是通唯识后所得之果，或由解所起之观行。故虽唯一心，由观而入，虽忘能所，非谓初无能所，初无能所，应不言忘，以此谈心，是言语道断，心行处灭。本无可言，三论与禅；亦可通宗；识既无唯，唯亦无识矣。

若由双忘而谈能所，或从一心而观万法，为利他之方便，乃唯识之宗极，绝非他宗融通之言所得混滥。是故足下之《相见别种辨》及圆之《释疑》，皆能自圆其说，不待修正。流行不息，即圆亦自承认同种之言。惟言同种以摄空宗，言别种以摄相宗，则各得其所，理善安立，自疑既释，亦不惑人。彼此葛藤，爽然四解，虽欲再言，徒设劬劳。前未见尊作，但闻有未释之疑，惧为过谦。今获详读，果若疑有未释，故略抉疑本以推翻之。庶悟君之所推翻者，无异于推翻其所推翻，推翻且无能所。彼此观唯一心，回首往事，都成增语，天何言哉？予欲无言，质之高明以为如何？

（1922年《华国》第2卷第6期）

《见相别种辨》释难

太虚

难曰：妄执火体实唯有一，则一世俗体可有无量世俗用，宇宙万有尚是一体，何又谓诸灯别体耶？

释曰：汝云何知妄执火体实唯有一，及执世俗体一，乃至执宇宙万有一体耶？

难曰：原文说故。如原文说：可别种生而体一者，若光热别种而生一火体。

释曰：原文不说火体实唯有一，为证不成；一世俗体，宇宙万有一体，更非原文；既非原文，但出妄计，推妄计还妄计，让妄计破妄计。

难曰：与外道之唯一因生一切果何以异？

释曰：汝云何知唯一因生一切果耶？

难曰：原文说故。如原文说：可同种生而体异者，若光光同种而生诸灯体。

释曰：原文不说，唯有一因生一切果，为证不成，既非原文，但出妄计，推妄计还妄计，让妄计破妄计。

难曰：然则原文所说体一，一火体，体异，诸灯体，此依何义以名体及说一、异耶？

释曰：能喻之火体、灯体但世俗名体，四重世俗谛中属假名无实谛，如瓶盆军林等。喻在易晓世俗，故取极浅俗义以立，亦犹汝说火体之喻。所喻之一体、异体亦世俗事体，四重世俗谛中属随事差别谛；如从九缘生一眼识，及一意识通作前五眼俱意、耳俱意等。故一火体与诸灯体，但依三假相以名体，不得执是实体一异。汝知“火等诸喻皆不极成，假说共体，体实是无，若实有体，不名唯识”，此何不许？

难曰：然则原文所说别种，光、热别种，同种，光光同种，此依何义以说种别同耶？

释曰：此依十八界中色尘界（光）、触尘界（热），界别以说种别。复依色尘界同（光光），以说种同，四重世俗谛中亦属随事差别谛者。汝计火之光热种别而体亦别，定别不许假名体一，世间应无火之假名，以世间火名但依和合假体施设故。汝计众灯之光体别而种亦别，定别不许无形种融，种子应同灯之形别，以灯光众多但依别别假形施设故。今此能生种别而不坏所生之假名体一，故虽光热种别，得随世间名火，有和合假体故。众光灯异而不妨能生之无形种融，故虽众灯形别，得言光种是同，同色尘界种故。

复次，一聚一聚和合假体形别，此火之名但名此火，彼人之名但名彼人，故无世俗同一体过。若不许和合之假体形别，应有宇宙万有一体之过。一界一界无形自种能生，色尘界之光种但生于光，触尘界之热种但生于热。（犹汝所说各各势用有各各功能，或种体为之因缘，此若外道，汝应外道。）故无一切唯一因过。若不许能生之自种无形，应有因中先有万物之过。

难曰：体、用二义，本唯二重，开为四重已是方便，不料益务支离，重开为十六重。

释曰：若执定唯二种，应亦不得开为四重；不执定唯二重，亦应得开为十六重。开为四重，信亦方便，奈诸迷者犹生谬执，故更方便开十六重；彼既方便，此何不然？此若支离，彼宁不尔！

难曰：二取三假，非即能所现行中之相见乎？须此“世俗用用”何用？实相真性，非即二空真如中实相无相乎？须此“胜义体体”何用，“世俗体体”“胜义用用”亦同此破。若“世俗体用”与“胜义用体”亦已包于“世俗用体”云云。

释曰：此十六重，义趣繁广，既对粗心，难为细说！约言少分，以示大要。世俗用用说有漏取，胜义体体说非安立；世俗体体说有漏体，胜义用用说无漏用；世俗体用说有漏识一切种，胜义用体说无漏一切种识；世俗用体说异熟识及七转识，异熟所缘根身器界，即在世俗用体相分中摄，胜义体用说实相之犹带无相二空智言。

复次，说用中体以包本识假体，可见尚有本识假体隐未显说，说用中用以包自证假体，可见尚有自证假体隐未显说，即此说有未尽，故为方便开遣。

复次，所言同种别种之异，颇见学解有进，然安慧见相分是遍计无，譬如龟毛兔角，既不应说龟毛兔角同一种生，亦不应说龟毛兔角别二种生，是无法故。故更应知相见种同别之二说，无关安慧。但是许相见亦依他有家自有此之二说，故《述记》云：“许有相见二体性者，说相见种或同或异。”又评：“故相别种于理为胜。”

复次，所作驳斥四大段，已知自语失检，复知犹有其余可驳可攻之处，足征虚己求解，智无留滞。佛法大海，不以意限；前观所作，颇滋众惑，逐句辨别，益费闲辞，乃略言以遮止，亦假说之方便。若蒙谅心，愿同法喜，必图快意，任相诤论。

复次，原文“近来欧阳渐之徒景昌极等，自兴相见别种非别种之诤”，措语过重，不无愆尤，特此申谢。愿息嗔心，如嗔不解，请诵《菩萨戒本》。

复次，本社应时对机，每多权巧，设言施语，不居故常；前后相寻，岂无舛漏！唯要不渝令世人于佛法生正信开正解之旨而已。

复次，对于欧阳居士之《重刻大藏经序》《瑜伽师地论序》《真实义品序》等，实深钦重；即对于王君恩洋之《佛法非宗教哲学》《佛法与外道之差别及其根据》《大乘非佛说辨》，与缪君之《唯识今释》等，均表推重。惟对于操戈以图内乱之举，不能默尔，稍为设遮。君等乍游佛法之门，能执利器，名相分别。以防御邪外，固所乐闻。若将深入堂奥，则当舍干戈而从容趣入之，未应持械以冲墙倒壁为事也。否则，增自之惑，益人之迷，两害无利，何取多言！质之君等以为何如?

附：景幼南先生难阅相见别种辨来函

（前略）贵社云：“可别种生而体一者，若光热别种而生一火体，可同种生而体异者，若光光同种而生诸灯体。”于兹可见贵社中人，不但对于同种之义未能了解，即谓别种亦茫然未知其是何旨趣也。（极）文中虽取火光等喻，然尝郑重声明云：“然此诸喻皆不极成，假说共体，体实是无，若实有体，不名唯识，一切皆以识为体故；善会其意，斯在阅者。”

不意贵社阅者误会其意，妄执火体实唯有一，真令人有不可理喻之感。夫现行之火有火之大种为增上缘，使火之色、声、香、味、触之诸色种得以现行，亦犹瓶盆有地之大种为增上缘，使瓶盆之色、声、香、味、触之诸造色种得以现行耳。亦犹山河大地宇宙万有之有其地、水、火、风之种为增上缘，而使山河大地宇宙万有之色、声、香、味、触之诸造色种得以现行耳。若谓色之与触可同一体，是则色之与色更可一体，是则宇宙万有之形形色色亦唯有一体，是则一世俗体可有无量世俗用，是则匪唯道理相违，即贵社亦未能自信也。不然，宇宙万有，尚是一体，何又谓诸灯别体也？由是当知，火之光热，种别而体亦别。

至若光光同种更不知何所据而云然！将谓星光、月光、灯光、萤光皆同种而生耶？此与外道之唯一因生一切果何以异耶？此理极浅，此事极明，不知贵社中人何以对于此唯识学中极浅明之常识而生误解！稍一读书，当能知之，毋待（极）絮絮为也。由是当知众灯之光，体别而种亦别。

上来皆就用中之体言，用中之体云者，谓尚是功能未有势用，虽未有势用，而为势用之因缘所自，对实势用，故且说为用中之体。即种子是各各势用，有各各功能或种体为之因缘，此为同种家、别种家之所共认。而贵社之说，伦于外道，则为同种家、别种家之所共斥。然则同种、别种之异何在？曰：同种家直破二取，明相分毫无势用，惟是义用或影像相；别种家偏重依他，明相分亦有各别熏种为缘生见之势用。明达法相者，苟若奘、基虽主别种而不定非同种，即非吾所必争。（极）于所作《唯识今释补义》一文中，已详辨之。迷谬法相者，虽主同种或同体，犹吾所不取也。

体用二义，本唯二重，何以故？以是二者无为有为别故。开为四重已是方便，何以故？体中之用，无实用故；用中之体，非实体故。此种方便，亦非竟无法师特创，护、慧、奘、基并已开示，竟公恐愚者不察，特为拈出导人。不料贵社不察方便，益务支离，更以似是而非之二谛搀杂其间，遂由四重增为十六重，画蛇添足，一望而知。且问二取三假，非即能所现行中之相见乎？则须此“世俗用用”何用？实相真性，非即二空真如中之实相无相乎？则须此“胜义体体”何用？“世俗体体”“胜义用用”，亦同此破。若夫“世俗体用”与“胜义用体”，亦已包于“世俗用体”之中，何以故？以功能即是本识相分，本识即是功能见分及自证分故。且本识相分非唯功能（种子），尚有根身器界现行之本质尘，不审贵社又将若何安置，乃得整齐美观，使人目迷五色，莫测高深也。吾竟师以种子无有实用也，故说为用中之体，举本识之假体而包于其中，以现行无有实体也，故说为用中之用，举自证之假体而包于其中。至若二空真如之为无相，一真法界之为实相，实相无相，本即是一，即用显体，方便说二，皆是胜义，谁为世俗？旨犹明显，奚待支离！由是可知竟公之抉择体用可谓尽善尽美，而景昌极之《相见别种辨》，亦虽攻而未必破也。（后略）

十二年十月作

《起信论》与唯识

《大乘起信论》唯识释

太虚

此论辞简义隐，未广分析，古今解者，除天台家之荆溪、灵峰等，多用贤首家说。贤首宗在《华严》，明大乘果，依庵摩罗识持一切无漏种，彰法界缘起。法界缘起可名庵摩罗识缘起，或无漏界缘起，或一切种智缘起，或大牟尼法缘起，或净心缘起，或佛果缘起，可参考《缘起抉择论》。以释此论，虽亦可通，究多未符之处，不能解人疑惑。《成唯识论》明境，多依异生心境而说，以揆此论立说之依据点，亦非恰当；故唯识家若古之慧沼、今之欧阳竟无等，每致驳难。予解此论，尝著《略释》《别说》二书。今以时人依据《成唯识论》，对于此论颇多非拨，而主张此论之贤首家说，又不足袪除其迷谬，乃从《成唯识论》寻得此论立说之依据点，示全论之宗脉，裂千古之疑网，网，择要以言，不复详其章句。

世传马鸣论主为第八地菩萨，龙猛与无著为初地菩萨，皆登地之圣人，世亲则为未登地之加行位人。而圣位菩萨之造论，皆依自证现量智境，宗本契经，阐扬深悟，上求大觉，下化含情。由此观之，则马鸣造此论，必非世亲及贤首等未得自觉圣智境界，唯取圣言为依据者之比，而有其自证现量智境为依据点也。盖唯取圣言为依据，则推理之说明，唯在密符契经；使所宗之契经专明佛果，则虽以凡识推明佛境界，亦无不可。登地菩萨以自证境为依据点，则契经或反为其造论之脚注。故贤首能善明佛华严之果觉，而马鸣造此论之智境反居其下也。明此，则马鸣造此论之依据点，必在八地或初地以上之菩萨心境，断可知矣。此论应据八地，以多就恒行不共无明说故，今就通义，且依地上。

登地以上菩萨心境，与异生心境及如来心境有不同者，异生心境是纯有漏，无分别智从未现行，无始恒行不共无明，具说应云染污末那。从未暂断现行，故从未一刹那顷现证真如。如来心境是纯无漏，无分别智恒时现行，一切染法已永断尽，故亦永无一刹那顷不证真如。菩萨心境，则有时有漏同异生，亦有时无漏同如来，有时执障相应染法现行，亦有时智证真如而无明暂断现行。此论说菩萨之证发心相有三：一者，真心，无分别故；二者，方便心，自然遍行利益众生故；三者，业识心，微细起灭故。无分别真心是根本智证真如，及后得智变缘真如万法；方便心是后得智之上求下化；业识心是后得无漏平等、妙观二智所缘有漏第八，亦六、七识无漏无间转生有漏后之杂染八识心心所聚。《成唯识论》之说等无间缘，第七转识有漏无漏容互相生，第六转识有漏无漏亦容互作等无间缘，皆依此登地以上菩萨心境说，登地以前无无漏故。此专依大乘说，小乘初果后，亦如此。此菩萨心有漏无间导生无漏，既可上同如来，代表四圣；无漏无间导生有漏，复可下同异生，代表六凡。此为地上菩萨心最特殊之点。依有漏无漏，可分别如下：

纯无漏现行心境……如来

纯有漏现行心境……异生

亦有亦无漏现行心境……菩萨二乘学无学皆此类所摄，以二乘无学犹有有漏身故。

非有非无漏常遍性境……真如可云无为无漏，然于有漏无漏位平等故，亦可云非有漏非无漏。

此论示大乘法，谓众生心。此众生心既不应指为异生心，摄无漏现行故；亦不应指为如来心，生灭门中摄有漏故；亦不应指为真如性，摄生灭故；虽其意指四圣六凡共通之心相名为众生心，但除若圣若凡各各之心，别无有一共通之心可得。其共通者，只是心之义相，即诸心心所聚皆同觉了，此觉了相，等于空无我之诸法共相，不过觉了是一切心心所聚之共相，空无我是一切法之共相而已。共相唯是假名而非实事，则亦不能指圣凡共通之心相谓众生心。故此当大乘法之众生心，唯依据亦有漏可代表六凡，亦无漏可代表四圣之地上菩萨心，能说明之。此即予谓马鸣菩萨造此论依据点之所在也。

贤首家依如来心，一真法界及事事无碍法界。或真如，一真法界及理法界。说明此众生心，天台家依真如说明此众生心，皆不能适如其分量。唯识家依异生心以非难此论所云之众生心，亦非恰当。故今请依上文所论菩萨心特殊相以说明之。

论云：摩诃衍者……皆乘此法到如来地故。

是心，若依地上菩萨心说，有漏无间无漏现行，根本智相应心心所，亲证真如，后得智相应心心所，变缘真如诸法，故摄出世间一切清净法；无漏无间有漏现行，俱生二执、二障，初地以上。或俱生法我执、所知障，八地以上。相应心心所聚，变缘诸法，故摄六凡世间，或三乘世间之烦恼业果一切不清净法。一一心行，一一质点，乃至一一法之离言自相，皆即真如，无变无异，常如其性，非一非多，遍如其性，故是心真如相，即一切法离言自性。就是心以示之，所示真如遍一切法，常住如是，亦名一真法界，亦名法性，亦名诸法离言自性。无论大乘、二乘乃至一色一香，无不依此为体，故示此亦即示大乘体也。梵语摩诃衍，此云大乘。是菩萨心之无漏清净分，即是无漏现行时离染之所显，故亦属生灭因缘相。大乘以由二空智所显真如为自体，是菩萨心根本智现行能照达真如，故能示摩诃衍自体。大乘以二空智所相应、所缘了、所变现、所摄属无量清净心境为相，是菩萨心无漏现行时即如此，故能示大乘相。大乘以能由二空智导生人、天、三乘一切戒善、禅定、神通、辩才等等功德为用，是菩萨心后得智现行能成办上求下化、自利利他一切善事，故能示大乘用。

其解释大乘之三种大义，由是亦可知矣。此具足无量性功德之如来藏，指是菩萨心无漏现行时，根本后得智及二智所相应、所缘了、所变现、所摄属之无量数清净心境而言。若先知此如来藏义，则依下文生灭门中依如来藏故有生灭心义，及忽然念起名为无明义，皆可了然无惑。盖菩萨心无漏现行时，可依根本智起后得智，复可依后得智无漏无间有漏现行。后得智亦如来藏摄，依后得智无间而起执障相应之三界有漏生灭心，故可云依如来藏故有生灭心，亦可云不达一法界故，心不相应。由根本智而后得智，即不达一法界，而智不亲真如契应。忽然念起，由后得智，无漏无间，忽生二执、二障相应杂染心念。名为无明。若贤首家以如来心说如来藏，则如来心常无漏故，不应依之有有漏生灭心，此论之有生灭心，专指三界有漏虚妄分别心心所聚。及忽然起无明。天台家以真如说如来藏，真如常无起故，真如本义，专指法性以言，此中亦然，但是体义。他处言真如用，言真如熏，则兼清净法相以言，包含真如如来藏，总名曰真如。犹包含清净依他起分，总名曰圆成实也。不应依之有有漏生灭心及忽然起无明。唯识家以异生心中本具之无漏种说如来藏，其无漏种曾未现行，而无始无明执障亦从无间断，绝无从无漏无间起有漏之事，亦不应说依如来藏有生灭心，非依无漏种得有有漏现行故；无明亦不应说忽然而起，无始现行曾未暂间断故。坐是贤首、天台二家，不知其不可而说，多舛谬难通，唯识家知其不可而致生违诤，三家皆不知此论依据菩萨心而说，故皆失之私蔽。兹可列示如来藏义如下：

依异生心说如来藏……唯本有无漏种。可名空如来藏，一切现行心境俱非故。

依如来心说如来藏……一切性相种现。可名不空如来藏，一切佛法俱是故。

依菩萨心说如来藏……一分无漏种现。可名空不空如来藏，一分有漏非，一分无漏是故。

依真如性说如来藏……诸法离言自性。可名非空非不空如来藏，一切法全非全是故。

南岳慧思大师及其苗裔，因以一切法真如性说众生心，故改此论能生一切世间出世间善因果为能生十法界善恶因果，不知此中能示摩诃衍自体相用之心生灭因缘相，是专就菩萨心一分无漏种现而说。复不知此中用大是说大乘之用大，非说心之用大，故改生善因果为生善恶因果。若大乘之大用，亦能生恶因果，岂尚成大乘无漏妙善之用哉？大乘以自利故生大乘善，以利他故生人天善及二乘善，故唯能生世间出世间善因果，不应生恶因果。

其解释大乘之乘义有二：一切诸佛本所乘故，可名佛乘；一切菩萨皆乘此法到如来地故，亦可名菩萨乘。世师将佛乘与菩萨乘分为二，可知非是。盖就大乘之果以名佛乘，就大乘之因以名菩萨乘，总括因果名大乘耳。

论云：依一心法……以是二门不相离故。

究极言之，任拈一法显因缘相，皆展转不离，可摄尽诸法；任依一法显真如性，皆平等不增减；而心法尤有摄一切法之特能，心法中之菩萨心法，其义更为彰著。此论以菩萨心为依据点，故曰依一心法有二种门：依根本无分别智亲证真如之心境而开示者，则曰心真如门；依后得正分别智变缘真如万法，及无漏现行无间续起有漏现行八识心心所聚四分之心境开示者，则曰心生灭门。即一切法离一切相而智如一如者，曰心真如，故心真如总摄一切法。诸法无非因缘生灭，而真如即诸法离言自性，故心生灭门总摄一切法。二门不相离义，亦于是见之矣。

论云：心真如者……故名为真如。

根本智证真如，曰心真如，依此现量智境而用假智诠方便开示者，即是一法界大总相法门。然法门虽用假智诠设施，而所依之体，则在现证即心自性之真如，故心真如即是一法界大总相法门之体。此心既能总摄诸法，则一切法之真如即心性，心之真如亦即一切法性，一切法之真如性不生灭，故心之真如性亦不生灭，所谓心性不生不灭是也。盖一切诸法唯依三界有漏虚妄分别心，及凡圣假智诠观念而有差别；若离虚妄分别心及假智诠之观念，则无一切境界之相可得；无一切境界相，亦即根本智证真如，有见无相之义。见《成唯识论》第九卷文。然虚妄分别心及假智诠，从来不得诸法自相，见《成唯识论》第二卷文。“是故诸法从本以来离言说相，离文字相，离假诠。离心缘相，离假智之名种等分别，及三界虚妄分别心。毕竟平等，无有变异，不可破坏，唯是一心，名为真如”。此诸法胜义，亦名为真如，常如其性故，即唯识实性。以诸言说假名无实，但随有漏虚妄分别及各种等分别观念，不可得诸法自相故。今假施设真如之言，亦非于彼假施设之言中，实有此真如相可得，不过言说之极，因真如言以遣一切法言。而此诸法本离言说之真如体，本来无有可遣，以即一切法之离言自性，本来悉离言说，皆即是真如故。且亦无言可立，以一切法离言自相，本来皆离言说，同真如故。由此当知为显一切法不可说不可念故，但假施设名为真如。

论云：问曰若如是义者……名为得入。

此说由大乘习所成种性姓，经资粮位、加行位而入通达位也。可检《成唯识论》第九卷文。

论云：此真如者……唯证相应故。

然为开示未悟，依菩萨根本智现证真如，施设为一法界大总相之法门，不能不依言说分别。若分别之，可有二义：一、如实空义，是空一切染法，三界有漏虚妄分别心心所聚四分皆不真实，计须一切空却，乃能如如相应，究竟显实。此即二空所空一切遍计所执自性，及由遍计所执自性所起染依他分。但空本来如实是空之虚妄分别心二取，非于诸法本来离言之真如性，有可空却，故曰：“若离妄心，实无可空。”此中非有相是离增益谤，非无相是离损减谤，非非有非非无相是离戏论谤，非有无俱相是离相违谤。余可推知。二、如实不空义，是彰离染之净法，即是依菩萨心所说之如来藏，亦可即是依如来心所说之如来藏，是能显之二空智及二空所显真如与诸净法，故曰：“已显法体空无妄故，即是真心常恒不变，净法满足。”此即遣遍计执、断染依他后之净依他分及圆成实，此可总名为圆成实，故亦可总名为真如。知此真如义，则可知下文真如受熏能熏之义。然何以可总名为圆成实及真如也？以根本智亲证真如及自证后得智，上求下化则为向他后得智。变缘真如诸法，如理如量，皆契真相，皆远离名种等分别，故后得智同名无分别智，“亦无有相可取，以离念境界唯证相应故”。由此，诸未得无漏种智现行者，不应取不空真如相，虚妄分别构画以为如何若何；但应遣除虚妄分别，专求实证，此三论、禅宗之所尚，而当刊落一切义解名言者也。

论云：心生灭者……二者不觉义。

此中心生灭门总摄无漏、有漏一切有为染净诸法。而无为真如则但为染净诸法平等之所依体，即由诸法所显离言自性，非对任何一法可分立者，于诸法全非全是故，故诸生灭法自为因缘以互相生灭，非由真如使为生灭；不过心悟真如则净智法生长而染识法伏断，心迷真如则染识法生长而净智法隐覆。然净智法显现真如，顺真如相，染识起时可隐覆而不可断灭，有时亦可说为本不生故、永不灭故之真如法。而染识法隐覆真如，违真如性，净智起时既必损伏或必断灭，故只可说为生灭法。依如来藏有生灭心者，此如来藏乃指地上菩萨一分无漏心境，以未圆满四智菩提，不同如来，然二空智略同如来。此生灭心乃指地上菩萨一分有漏心境，以已断分别所起之我法二执，不同异生，然俱生起执障犹同异生，故可依之总说明圣凡之心境。依如来藏有生灭心，即由无漏现行无间有有漏现行起，从自聚心心所法相续无间之等无间缘而说。此中所谓不生不灭，是指菩萨心中一分觉义之如来藏净法，可准同如来净法者。此中生灭，是指菩萨心中一分不觉义之无明染法，可准同异生染法者。而在菩萨心中空智所生显之净法与执障所杂染之有漏法，自聚无间容互续起，其种子现行皆依无覆无记，真谛译阿黎耶识曰无没识，无没即无覆义。一类相续之阿黎耶识现行而存而起，而菩萨心中之阿黎耶识，亦为有漏惑业所引生之杂染异熟性法。将谓其一，彼或无漏净善，或有漏善染，而此但无覆无记；将谓其异，彼皆依此而存而起，不能各离，故曰：“不生灭与生灭和合，和合即性异依同，而非一非异义。非一非异，名为阿黎耶识。”由是此识可为觉不觉之总依，能摄及能生一切法。但此中能摄门义宽，亦摄无为真如法故，真如即此识及诸法之平等实性故；能生门义较狭，由此识现行所持之一切种能为亲生因，复依此识现行为增上缘，能生一切有为法故。若如是知，在唯识家决定无从非难。

论云：所言觉义者……同一觉故。

此中所言觉义，正指二空无漏净智，亦摄净智所缘真如，及相应所起诸净法。根本智证真如时，智如一如故，一切净法皆无漏智所相应、所缘了、所变起故，根本智心证真如体，离一切虚妄分别念，此离念所证之体相，在初证时即名遍行真如，故曰：“等虚空界，无所不遍，法界一相，即是如来平等法身。”法身亦名法界，亦名法性，即诸法平等所依真如体。依证此一切法本身，故名根本智，亦说名本觉——本觉即根本智别名。然此本觉一名，乃对资粮智、加行智，后得智等始觉，及一切智智之究竟觉，与异生之不觉而说。始觉等由对本觉等展转而说亦然。始觉或能引本觉，资粮智、加行智。或本觉所起，后得智。故始觉者即同本觉。复次，依向来未现起此本觉故，而有不觉之名，依向来不觉而今始觉故，说有始觉之名。又以虽觉或但随顺圣教，或但了达二空真如，而持一切种之阿陀那识心源犹未觉故，非究竟觉；至成佛时，阿陀那识相应之大圆镜智起，转舍阿黎耶识，转得庵摩罗识，觉心源故，觉即大圆镜智，心源即庵摩罗识，大圆镜智相应庵摩罗识而起，名觉心源。名究竟觉。由始觉至究竟觉，即由异生位至如来位：初是凡夫，次是先证生空及初发回小向大菩萨心者，三是初地以上菩萨，四是如来，而一以无分别观智空却虚妄分别心念即离念观无念。为本，故云“若有众生能观无念者，则为向佛智故”也。诸心念于一刹那间有多次之生住异灭，凡夫必前一念心灭，后一念心乃追觉之，于当念心即为不觉。二乘等则于变异未灭时即能觉知；已证法空真如菩萨，则于乍生正住未变异时即能觉之，当念虽觉，而犹未觉生源；成佛时以远离微细念故，即金刚道后异熟空也。得见心性，即大圆无垢同时发，净识相应镜智，照见所持一切种及法界一切诸法也。心即常住，即如来心更无熏变之相续常、无尽常也。

念指不得诸法自相之虚妄分别心，《维摩诘经》推极虚妄分别以无住为本者，亦明此虚妄分别心无有生起初相可知。彼经无住，即此无念，故言：“知初相者，即谓无念。”无念者，即成佛时永无虚妄分别心起也。由虚妄分别心之有灭尽，假说虚妄分别心有生起初相，而虚妄分别心实无生起初相。由执障所引生之有漏异熟识，一类相续至成佛前从未暂断，故说众生无始无明不觉。至成佛时一刹那间皆永断故，得遍智故，自他不二。回观众生无始不觉之虚妄分别心，亦皆照现如来究竟觉中，故若得无念者，则知心相生、住、异、灭。复看到众生本来清净相，而见众生无始本无虚妄分别心念，与如来等，故释尊成佛时叹曰：“奇哉！奇哉！一切众生皆具如来智德。”但众生心性，虽无始本净而亦无始有染，故经复曰："但以妄想执著不自证得。"然成佛时永离染故，说染为生灭之客尘，说净为常住之主体。不知此义，但依佛之自证智境，说诸众生无始不觉，实依如来觉心而起，实有始起之期可得，若贤首家法界还源观等，则众生虽可还如来觉心源而成佛，其如佛仍将从众生不觉心流成众生何？则成一治一乱之循环式，永无常觉时矣！故依如来心说缘起，是从佛应到众生，又从众生感到佛之自他不二增上缘起，由佛等流身教，生起众生信心，使发起求成佛之志而已。其实佛居佛位，众生居众生位，各不相到，而众生无始无明实非依如来心而起，故继此为令众生得甚深胜解，当说阿陀那识一切种缘起也。阿陀那识一切种缘起者，即无始本有无漏种故本清净，亦无始本有有漏种现故，本杂染也。然至菩萨心位，本有之无漏种起现行时，有漏种现渐渐可至断尽，不同无漏种现可相续无尽耳。

然众生既无始有虚妄分别心，何以言以无念等故而实无有始觉之异？应知众生无始虽有虚妄分别念相续，而不得诸法离言自相故，如实空故，即有常无；此如实空无性，即显诸法平等真如。佛心证极诸法离言自体，见有漏无漏诸法之离言自性，皆是平等真如，别无诸法别别之真实性，诸虚妄分别念唯假非实，故无念之真实性平等平等，即离言性平等。而本觉、不觉、始觉与究竟觉之无念真实性亦平等。据此无念之真实性，故实无有始觉分分之异。何者？以所言始觉上分分之异，亦依知一刹那心上之灭、异、住、生而区别其浅深耳；其实，四相皆依一刹那心假施设有，待生说住、异、灭，待住说生、异、灭，待异说生、住，灭，待灭说生、住、异，展转相待皆无自立，唯是虚妄分别，妄取为实。若知一刹那心无念之真实性，知灭即知异、住、生相，知异即知住、生、灭相，知住即知生、灭、异相，知生即知灭、异、住相，曾何足依之以别始觉分分有浅深之异哉？唯本来平等同是一刹那心觉之离念真性耳。

此论四相俱时有义，贤首家尝据之以辨一乘、三乘之异，亦由虚妄分别妄取四相为实。不知《成唯识论》本言生、住、异、灭，唯依一刹那现法上展转法待假施设有故也。就所依之一刹那现法则应说同时，就依以假施设之生、住、异、灭，亦可说异时。小乘执四相为实有，则同时、异时俱有过；大乘了四相假施设，则异时、同时俱可通。诸有智者，且审思之！

论云：本觉随染分别……种种而现得利益故。

菩萨心中证一切法本来平等真如之本觉智，若随对治杂染虚妄分别，可为等无间缘及增上缘，生起与本觉不相舍离之二种净相：一、由根本智起后得时，依内证法及教法之力，地地修证增进此根本智，至成佛时破漏无漏种和合共依之无覆无记一类相续异熟心相，显现清净法身。真如及庵摩罗识一切无漏种。圆成四智菩提，曰智净相。众生自性清净心即上来所言之如来藏，在异生心即无漏种，在菩萨心即一分之无漏种现，此依菩萨心说，盖菩萨心于无漏现行时，无始无明种现，虽已断者断，未断者全伏，而以未断诸习种之力故，无漏无间忽有无明相应有漏心起。此无漏心是净觉性，彼有漏心是昏浊性。犹之水湿为相，风动为相，水为风动而水亦现动相，然水湿是主而动相是客，水实非动，动是风故。菩萨同如来之无漏心，忽有同异生之有漏心乘间而起，菩萨净觉心遂顿翻成昏浊心，然菩萨心以无漏为主而有漏为客，以可说为圣位菩萨心者实是无漏，而有漏是昔异生位之余习故。若菩萨位满成佛时，无明种灭，有漏昏浊之现行相续亦全断，菩萨位但伏断前七转识、有漏现种，曾未断有漏第八故。而无漏心之净智性，永得相续不坏。此随对治染心而显之自利德，故为本觉随染分别所生起之一相，依平等性智、妙观察智能现他受用身土，为十地菩萨作诸胜妙利益事；依妙观察智、成所作智能变现应化身土，为二乘五趣作诸胜妙利益事，曰不思议业相。此亦随对治众生法而显之利他德，故为本觉随染分别所生之又一相。

论云：觉体相者……随念示现故。

此中四种大义，喻以虚空净镜，虚空喻其遍常，净镜喻其净明。第一，为二空所显真如性，此一是觉之体。第二，正显智德，就大圆镜智显。第三，则显断德，就平等性智、妙观察智显。第四，则显恩德，就平等性智、妙观察智、成所作智显。后三是觉之相。

论云：所有不觉义者……则无真觉自相可说。

此中“不如实知真如法一故，不觉心起而有其念”者，即菩萨心由根本智起后得智变缘真如诸法，不实证真如平等性，真如法一即真如法平等。无漏无间忽然有无明相应不觉心起，而有名种等分别之念也。此名种等之分别念，但得共相，离无分别智所证之诸法离言自相，别无实体，故曰：“念无自相，不离本觉。”菩萨心位前一刹那悟即上同如来，后一刹那迷即下同异生。禅宗等顿悟法门亦主此说。而菩萨心以悟为主，迷是其客，故曰：“众生菩萨名大心众生。亦尔，依觉故迷，若离觉性则无不觉。”此中以“悟人”喻觉心，“迷人”喻不觉心，“方”喻觉不觉平等所依之真如。真如为迷悟所依故，悟显真如，故说真如为觉之性；迷覆真如，故不说真如为不觉之性。以有不觉妄想心故，能分别名种种谓种类。等，有真与妄、觉与不觉等名义可分别。故菩萨上承佛教，下化迷情，而为说真觉。向他后得智亦有名种等分别。若离此无明不觉及名种等分别心，住于菩萨自证无分别智之真觉中，相应诸法离言自相，“则无真觉自相可说”，以离言故。

论云：依不觉故……以一切染法皆不觉相故。

《成唯识论》卷五引契经云：“不共无明微细恒行覆蔽真实，故异生类恒处长夜，无明所盲，惛醉缠心，曾无醒觉。”又卷六云：“云何为痴？于诸事理迷暗为性，能障无痴，一切杂染所依为业。”谓由无明起疑、邪见、贪等烦恼随烦恼为烦恼杂染所依。业，为业杂染所依。能招后生杂染法故。为异熟杂染所依。痴是无明别名，此中不觉亦是无明别名，此余烦脑，更无如此痴、无明、不觉遍为染依者，故此论说三细染相、六粗染相皆为不觉之所生起，能起疑、邪见及贪等烦恼随烦恼业，能招后生杂染法故，故诸染法皆与不觉相应不离，皆是不觉之相。

三细六粗有多解释，参考《略释》《别说》及《佛法总抉择谈》等。今此且言三细是说异熟之杂染相，六粗是说烦恼及业之杂染相。所招异熟虽通第八识、前六识，而第八识为真异熟，前六识为异熟所生，故且依第八识显异熟杂染说三细。能招异熟之烦恼业，虽亦疏依末那烦恼，而前六识为亲，故且依前六识显烦恼业杂染而说六粗，第七识留生灭因缘中说。三细中无明业相者，指由依无明之烦恼业种所招引之真异熟识，亦异熟识之自体分。“以依不觉故心动，说名为业，觉则不动”句，是说明能招引真异熟果之烦恼业。然此中显真异熟果，何以反从能引真异熟之烦恼业因以说耶？以觉至究竟则烦恼业尽而异熟空，有烦恼业则有异熟苦果，异热苦果由烦恼业因招，异熟苦果不离烦恼业因，故从能招之烦恼业因以明也。能见相是说异熟识见分，《成唯识论》卷二云：“此中不可知了者，不可知是显其深细。谓异熟识于自所缘有了别用，此了别用见分所摄，以依烦恼业之所引生故。”以依动故。能有虚妄分别，此中能见亦指虚妄分别，以三界有漏心心所皆以虚妄分别为性故。不有烦恼业，则亦无虚妄分别。不动则无见。境界相是说异熟识相分，此识自体分及见分能自变缘器界根身一切种故。六粗中智相是前六识烦恼相应之心心所聚，皆以了别境为行相，或作意相。相续相是于一境上相续分别，前六识于所缘境皆容相续故，前五识虽刹那别缘，依第六识有染净等流故。或触受相、执取相是前六识聚之二取相，诸有漏识能取所取相缠缚故。计名字相是第六识之寻伺等能分别假名言相故，此二或想心所。起业相是前六识聚造善不善等有漏业，与善染等心所相应，能动身发语故；或思心所及善染心所等。业系苦相是先业所引异熟生前六识聚，依业受果不自在故。此六粗相，若单说初一为心王相，中四为五遍行心所相，后一为异熟相，亦通第八、今但说为前六识相，则计名字相唯局第六识，若依取境分齐为计名字，亦通前六；余相俱通前六识聚。为表如下：

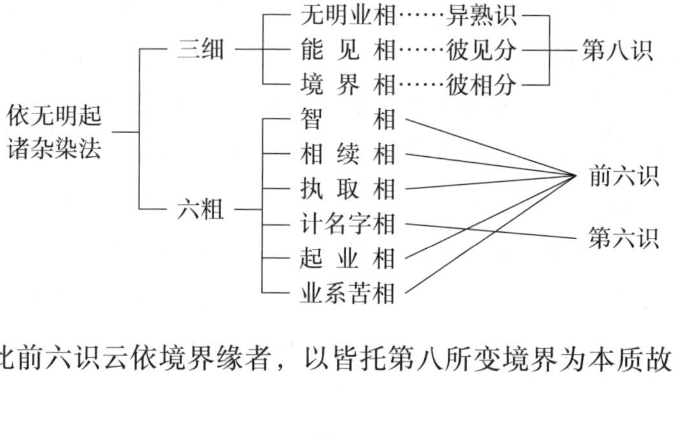

此前六识云依境界缘者，以皆托第八所变境界为本质故。

论云：觉与不觉有二种相……染幻差别故。

此依同相显觉不觉平等所依之真如性，依异相显觉不觉染净诸法也。无论诸无漏净法及无明染法，皆为种种业果幻事，而此种种业果幻事，皆因缘生，皆无自性，而皆同依此诸法之离言真如为真实相。譬如瓶盆瓮缸种种瓦器，皆是随造作形状及功用限量所幻成之差别假相；考其实质，莫不可分析为极微诸物质尘。染净诸差别法，证其实性，亦莫非是离言之真如相，都无彼心之智相及物之色相等等差别可得。染法之性既同真如，故众生本常住涅槃；净法之性亦同真如，故菩提非可修可作，毕竟无得。智、色之不空性即离言真如相，故智与色相皆无可见也。然见六凡、四圣种种根、身、器界、心识事用之差别者，皆是染心幻现。但诸无漏差别，或随伏断自心染而幻现，若四圣法界所成诸自利功德；或随化治他心染而幻现，若如来为十地现他受用身土、为六凡及二乘现变化身土等。而六凡及菩萨、二乘，复皆有性是有漏之染幻差别。此则净法顺真如相等无差别，染法违真如相性是差别，为染法净法之异也。

论云：生灭因缘者……依见爱烦恼增长义故。

此中生灭因缘专明末那兼第六识，以末那识梵语末那，此云意。非异熟性，且虽有覆而性无记，不造能招异熟之业，故别为一章以明之。又第六识虽能造招异熟之业，然亦多分非异熟性，且以末那为不共依，同执我法，最相近似，故兼明之。然异生三乘所由生灭者，实唯以我法二执为主要因缘，二执若断，二障随除，即得如来不思议善常故。二障通前七识，二执唯在六七二识。见《成唯识论》卷八。此明异生、三乘所由有生灭之主要因缘，故依第六七识而显，故云："异生三乘诸众生类，依止阿黎耶心，意意识转。"此中非说阿黎耶识，但说阿黎耶识为意及意识所依。此义认清，乃知此章唯说意及意识之义。意、意识依阿黎耶为根本依及种子依，故云："依彼说有无明，不觉而起能见、能现、能取境界，起念相续"也。第一句说无明相应意、意识自体分，由赖耶中无始无明等所熏有漏习气而起为种生现之因能变，故名业业指有漏业习。识。第二句说意、意识自体分转生见分之果能变，故名转识。第三句说意、意识能缘分变现相分之果能变，故名现识。意、意识皆不同前五识须待境界缘，末那托赖耶见分为本质，常变现我相以缘故；意识缘一切法，能独自变现相分以缘故。第四句说意、意识皆有正不正见，能分别染净。末那未至登地前恒有我法不正见，至登地后有时暂断，至成佛时全断；意识于未成佛前一切时可有正不正见，故云智相。第五句说末那识之妄念，即我法执。相应不断，意识亦多分我法执相续，且能造积无量世善恶业存赖耶而不失，成熟未来苦乐等报，记忆过去，妄虑现在，招果未来。由此意、意识之妄执及意识造业故，即由我执习气、有支习气。三界生死轮转相续，名相续相。三界依正诸虚伪法，莫非依意、意识妄执，由意识心造业所招，故云："心生种种法生，心灭种种法灭。"此之生灭因缘，应正云生死因缘也。由之，生死相续之识，正名为意，是六七之通名，意及意识名为意故。依分别所起我法执，唯异生第六识有。及分别六尘故，复立第六意识名分离识，俱眼识等缘色等故；亦名分别事识，十使烦恼相应增长生死事故。

论云：依无明熏习所起识者……忽然念起名为无明。

异生二乘住恒行不共无明中，故无无明熏习所起识相可知。菩萨心位，证诸法离言真如性之法空智不现前位，无漏无间由无始所熏恒行不共无明之习气，忽然而起恒行不共无明相应之有漏心，故知少分。至成佛时，大圆镜智现前，乃遍照诸众生持漏无漏种之第八识，知一切众生恒行不共无明相应所起之心心所聚。是心无始来即离言自性及持有无漏种，菩萨心位所由得起法空无漏现行，故云："从本以来自性清净。"是心无始来持有有漏种，起诸众生有漏现行，故云："从本以来而有无明。"然诸众生位虽为无明等之所杂染，有杂染心，而异生位之离言自性及无漏种，菩萨位之离言自性及无漏诸法，决不变失。此持一切种识，唯佛能证知之，证知此者名一切种智故。又是心之离言自性真如，常无念故，即常离言故。名为不变。而菩萨位心有时以不相应常无念之平等真如法界故，忽然有有漏虚妄分别心念起。由此可分末那识之无明，前六识之无明，皆有时起有时不起，故异生亦可知。故特名为恒行不共无明。

论云：染心者有六种………入如来地能离故。

此中执相应染，指人我执相应之一切染心法，故依二乘解脱及信相应地远离。信相应地，指由二乘无学回小趣大之菩萨，犹居第六信心位故；此信相应地，亦已远离人我执也。不断相应染，指分别所起之法我执相应之染心法，此为二乘所不断，故名不断相应染。由回小趣大之信相应地菩萨，修学方便，渐能伏舍，得净心地，即初欢喜地。究竟离故。分别智相应染以后，皆依俱生法我执相应之所知障品而说。具戒地是第二离垢地，无相方便地是第七远行地。《唯识论》卷九云："前之五地有相观多，无相观少，于第六地，有相观少无相观多，第七地中纯无相观。”七地已断执有生灭细现行相，故说为断分别智相应染。又《识论》卷九云：“第七地中纯无相观虽恒相续而有加行，由无相中有加行故，未能任运现相及土，如是加行障八地中无功用道，故若得入第八地时，便能永断。”此之色自在地即第八地，故能离断现色不相应染。又《识论》卷九云：“九地断利他中不欲行障，由斯九地说断于无量所说法、无量名句字、后后慧辩陀罗尼自在，及辩才自在之二愚。”此之心自在地即第九地，故能离能见心不相应染。又《识论》卷九云：“诸法中未得自在障，彼障十地大法智云及所含藏所起事业，入十地时便能永断。”又云：“十地犹有微所知障，金刚喻定现在前位，彼皆顿断入如来地。”此之菩萨尽地即第十地，得入如来地即金刚定位，故能离根本业不相应染。此论说菩萨地与《成唯识论》不同者，此论依由小入大、渐悟迂迴菩萨说，是法华融归一乘义，彼论依由凡入大、顿悟直往菩萨而说，是华严根本大乘义，得其会通，了然无碍。

论云：不了一法界义者……能究竟离故。

此中不了一法界义，专指末那识相应之恒行不共无明而说。彼之染心，是指依此无明诸杂染法而说。无明遍为杂染法依，摄于杂染法中，以此恒行不共，故专说之。渐悟菩萨从信相应地，依圣教修观行，能渐损伏，入净心地分得离断，至如来地乃究竟离断也。

论云：言相应义者……种种知故。

上文说前三染名相应染，后三染名不相应染，此相应不相应义如何分别耶？谓心王与念心所等法相各异，且由异生至第七地分分有染净差别相，然彼心王与念心所等，又同现行而为一聚，同有能缘虑之知相，同了所缘之一境相，差异之法合为一聚，同其知缘，是相应义。不相应者，即是遍为诸染心依之恒行不觉无明，诸染心心所聚无不依之，常无别异，而此又唯迷真实义，不与诸染心同其能知相及所缘相。七地以前多分迷异熟果愚及第六识迷真实义愚，至七地后烦恼障永不现行故，妙观察智纯无相观不藉加行故，纯无漏道任运起故，唯是第七识中细所知障，即专依恒行不共无明而起之染心。犹可现起，故名不相应染。初地以前烦恼障显，或说初地已无烦恼，同罗汉故。多从断除烦恼障说，故说染心名烦恼碍，以能障入地证真如之根本智故。初地以上所知障显，多从断除所知障说，《成唯识论》十地断十障，亦皆从断所知障说。能障十地诸自在用，若八地现相土自在等。及佛之一切种智故。此文皆补足上文之义者。

论云：分别生灭相者……非心智灭。

此生灭相，即生死相。粗是烦恼障品招分段生死相，细是所知障品资变易生死相。又粗中之粗，是分别所起我执相应烦恼障品，招异生即凡夫。生死相，故为凡夫境界；粗中之细，是俱生我执相应烦恼障品，招顿悟地上菩萨变易生死相；细中之粗，是分别所起法执相应所知障品，资渐悟地前菩萨之变易生死相，故是菩萨境界；细中之细，是俱生法执相应所知障品，资顿悟渐悟、地前地上菩萨之分段变易生死相，唯佛乃能穷了。末那识俱生所知障品即为恒行不共无明，故此分段及变易两种生死，依于无始无明相应诸有漏心所熏习气而有。谓依无始无明相应诸有漏心所熏习气即不觉义。为因，复由前六识托第八识所变根身器界本质境为缘，变为自相分境或仗为俱有依，种种分别，造诸善染品业，遂招诸生死故。若无明相应所知障品习气之因灭，则由异熟空故，异熟识变境界之缘亦灭。无明等种因。灭故，七八识现行细不可知即不相应义。之有漏心灭。异熟识所变境缘。灭故，前六识现行粗显可知即相应义。之有漏心灭，以前五识，亦至成佛乃转成无漏故。言唯心相灭非心体灭者，即唯依无明之有漏杂染相灭，非依正智之无漏清净体亦灭，是不思议之善常故。菩萨心或异生心以无漏为主体，有漏是客尘，前已明故。

论云：有四种法……则有净用。

四法互相熏习，染法净法起不断灭者，然染法终有断，唯净法无断耳。此义如何？一者，今以一切无漏净法，概名真如，犹以真如及依他起清净分概名圆成实。皆离言自证故。二者，今以一切非异熟性之烦恼障所知障品，概名无明，皆不离恒行不共无明故。三者，今以异熟性之虚妄分别有漏心心所聚，概名业识，皆是先业所招引故。四者，今以前六识托第八识变现根身器界为所缘六尘，概名妄境。此之四法，在菩萨一刹那心中无间而现起时，则有熏习之义。菩萨无漏心境真如净法。实无于染，以无始无明等所熏习气力故，忽然而起有漏杂染心相；众生无始无明等有漏心实无净业，以内具真如与无漏种为本因，及如来真如等流身教为增上缘故，熏发熏增无漏习种则有净用；至成佛时净用圆满，染法乃断。

论云：云何熏习起染法不断……以能成就分别事识义故。

熏习起染法不断者，谓依迷彼违彼覆彼真如法故，说有无明。即迷真实义愚。以有无明染法依故，覆彼真如障无漏法。覆障即熏习真如义。说有三界虚妄分别心心所聚，以有三界虚妄分别心心所聚，熏成无明相应有漏业习，感异熟识，现异熟境。以托异熟境为六尘缘故，熏习前六识虚妄分别心，令其念著，造种种业，受于五趣流转一切身心等苦。妄境熏习：一者，熏增名言习气；二者，熏增我执有支习气。妄心熏习：一者，法执相应所知障品熏生习气，资感三乘变易生死；二者，我执相应烦恼障品熏生业习，招引三界分段生死。无明熏习：一者，为由无明所起惑业，能招后生异熟杂染法故；成就业识。二者，谓由无明起疑、邪见、贪等烦恼随烦恼业。成就分别事识。如是知此论熏习义，则无过咎。

论云：云何熏习起净法不断……熏习真如灭无明故。

熏习起净法不断者，以众生包括六凡、二乘、菩萨。之自性真如与诸无漏种现，及如来之真如等流身教，统名为真如法。有此真如法内熏众生无漏种现。外熏如来等流身教。之因缘力故，则令异生异生只限凡夫。之虚妄心，知厌生死及求涅槃。以此厌求心力熏习增长，则能自信具真如法，了知由有漏心妄动业故，现前境界，唯识无境。即修唯识观。修远离虚妄分别之加行智，引发无漏种起现行，乃如实知无前境界，若时于所缘，智都无所得，尔时住唯识，离二取相故。遂能以种种无得不思议之方便行，随顺真加，不取不念，无得不思议，是出世间智，舍二粗重故，便证得转依。久远修习至成佛时，以无明相应一切烦恼障所知障种现俱断故，异熟心空，心无有起。异熟识变境界亦灭。以无明等之二障因及境界缘俱永灭故，杂染心相皆尽，名得圆寂及成自在业用之大菩提。此中妄心熏习：一者，只能修人天善及生空观之人天、二乘粗意识熏习，名为分别事识熏习；二者，能发心求无上菩提、修法空观之菩萨细意识熏习，名意熏习。真如熏习：一者，众生无漏相性内熏，从无始来具无漏法，即本具无漏种及菩萨无漏现，备有不思议业不思议业指无分别智。作境界之性即真如，真如为无分别智所缘。无漏种现能为四缘，真如能为所缘缘、增上缘，具此四缘熏习力故，《成唯识论》专从因缘以说熏习，故唯前七能熏及第八所熏。能令发菩提心，修菩萨行，名真如自体相熏习。问答之义，可知。二者，佛圣等流身教熏习，就佛菩萨等与众生夙世之差别冤亲关系，及佛圣之随类应化，名差别缘；就佛菩萨平等大愿及行人之自证境界，名平等缘。能作众生所缘、增上二缘，名用熏习。未相应真如自体相用熏习，指地前菩萨及二乘凡夫等，但依信顺佛及地上菩萨等流身教而修行故。已相应真如自体相用熏习，指地上菩萨依自证真如法修行故。此中只说妄心及真如二法相熏习，不说无明及境界者，以境界已摄于真如中故，无明正指非异熟性之执障，为无漏所熏断，无能熏义故。说妄心能熏习起净法者，以第八真异熟心能持无漏种，亦不违六七识之无漏现，而异熟生之前六识，随自善根及圣境缘，能起随顺无漏闻、思、修慧，引发真无漏故。

论云：染法从无始已来……起用熏习故无有断。

染法至佛则断，净法无断，尽于未来，其义前文已明。

论云：真如自体相者……名为法身如来之藏。

真如自体相指诸法平等体之真如与无漏种，及初地以上菩萨佛由无漏种起无漏现。要之，即以无为无漏、有为无漏一切无漏法名为真如自体相，亦名为如来藏法身。虽实有此诸功德义而无差别之相，此示诸无漏法皆得名真如义，犹诸清净依他起法皆得名圆成实。以依业识、生灭相示差别，即随伏断染幻说差别义。

论云：真如用者……以真如自在用义故。

所谓“诸佛如来至离于施作”句，说佛自得之大涅槃及大菩提，其义可知。一者，依分别事识所见佛真如等流身教，指如来为凡夫二乘所现应化身土。二者，依业识所见佛真如等流身教，指如来为菩萨所现之他受用身土，他受用身土须初地菩萨始能见之。今说从初发意者，此论自明以深信真如故，少分而见，犹自分别，则是依资粮智及加行智假说为见他受用身土耳。又此论菩萨位，皆依回小入大菩萨而说，是依证知一分生空真如，即天台教所云方便有余净土。说为他受用身土耳。又依加行位菩萨所见应化身土殊胜故，说为他受用身土耳。佛不为佛示现身土。诸佛常住自证智境，故无身土相见。《瑜伽师地论》明佛果五种不可思议，《成唯识论》亦明诸佛自受用身，同法性身无有差别之相。然为利他能示现身土者，以色心诸法平等同以离言自相真如为体故，随缘赴感，遍能应现，一即一切，一切即一，各各差别，事事无碍，贤首家依此说法界缘起。

论云：显示从生灭门……即得随顺入真如门故。

一切众生现量心境，即是诸佛不动智光，本自离名种等分别观念，故但观此本自无念，即为顺入真如，真如即离名种等分别之一切现量心境。由此故有禅宗之顿悟法门也。

以下论文，但知此论依由小入大渐悟菩萨位而说，故言信成就发心之初住菩萨，已能少分得见法身，法身指真如。示现八相成道。又华严是依佛心境开示众生令起信心，唯识是说明众生心境令生解起行，法华是说明佛之权巧方便智令知诸佛现身说法之意，三论是依法空观智令空一切分别，禅宗是依自证现量境界扫除一切名言；乃至此论目的，则在开示菩萨心境，令不定聚众生得成大乘正信；能善知此诸经论宗旨者，则于古人言教，可以无诤。余义易知，不复委释。

释尊成佛二千九百五十二年日，沙门太虚作

《〈起信论〉唯识释》质疑

王恩洋

太虚法师以唯识释《起信论》，撮其要义略有二端：一者对于《起信论》立论依据之审定；二者对于真如含义之解释。

所谓立论依据者，大意谓马鸣菩萨八地果人，入地菩萨造论，率根据于自证心境。而地上菩萨心境有其特殊之点，上既不同于佛，下又不同于众生。盖在众生纯是有漏，而在佛位纯为无漏，独地上菩萨则有漏无漏间杂而生。故唯识言七识六识，等无间缘，有漏无间，无漏得生，无漏无间，有漏得生，善染无记，开导亦尔，此为菩萨境界。《起信论》据此立说，故无明真如有熏习义、有缘起义。

所谓真如含义者，大意云此之真如就一切无漏法说，而无漏法有其二种。一者无为，即诸法平等离言实性，谓即法性；二者有为，即无漏种子及与现行。无为无漏，有为有漏，一切无漏法名为真如自休相，亦名如来法身。

缘《起信论》者主张真如缘起者也。真如净法，无明染因，染净不相容，云何熏习起？此大乘缘生之义者也。故第一义以菩萨心境等无间缘染与无染、漏与无漏容互相生之义释之。既唯识有其明文，则真如无明熏习缘起之义立矣！

虽然，在大小两乘空有两宗所立法相，云真如者，岂非特指法性说耶？岂非特指无为说耶？无为无生，不生自，不生他，亦不为他所生，故涅槃是显得非生得，常恒坚住都无所作，故名无为。今言真如而能熏习缘生，岂不大乖缘生道理？常法为因，即非释种。且真如是一，万法是多，又一生多因不平等。真如是净，无明是染，染净相生邪因非处。诸如是等，同外道说。且真如能生，失无为义，失法性义，失不生不灭、不垢不净、不增不减义，尤背圣教，大乖佛旨。是故以真如别义释之。言此能生真如非是法性，非是无为，乃有为之真如，无漏之种子现行耳。如云圆成实性，净分依他亦圆成实摄，此亦如是。既言真如非但无为，种现缘生，复有何过？于是而真如缘起之义立。从是凡有疑于《起信论》而致诘驳者可以已矣！故自言曰："示全论之宗脉，裂千古之疑网。"阙功诚至伟哉！

问者曰：此释所云是耶？曰：余焉敢得而是之？然则非耶？曰：余又焉敢得而非之？曰：是非不能两立，抉择无由模棱，今出此言是则何也？曰：凡夫各有所执，是非各有所蔽，一适诤论，尤所难言。故《阿毗达磨集论·抉择分》中《论议品》诫后人曰："若欲自求利益安乐，于诸论轨应先通达，不应与他而兴争论。"而如来垂教尤足警惕，"十二难得"，烛见凡情。良以立敌二者各有执障，敌者既难得冲怀纳善，立者尤难不好胜矜奇。洋自省凡夫，未能免此，故于他言未敢遽非耳，然而又不敢遽是者，则于释论所云稽之圣言，又深有足致疑者在。今者虽未敢于释论遽加非难，然且将所疑一陈释主。庶几就正有道，再释下情，上人慈深，当能教我。

云何疑？曰：释主之释，依唯识以立义者也。然考诸唯识诸书，于第一义，有以等无间缘缘生者乎？有以等无间缘说熏习者乎？考诸唯识诸书，有以因缘说缘起者，则“一切种子识，如是如是变，以展转力故，彼彼分别生”，持种受熏能藏所藏说第八识，是为自性缘起。有以增上缘说缘起者，则“由诸业习气，二取习气俱；前异熟既尽，复生余异熟”，引果酬因，业果相续，说生死轮回，是为爱非爱缘起。又《成唯识论》言因果能变，皆单就等流异熟二因习气，因缘增上二种缘力以立说，从未有以等无间缘而立说者。是则何耶？曰有二故，一者等无间缘及所缘缘于诸法缘生非必具故；二者等无间缘势用劣故。云何诸法缘生不必具等无间缘耶？曰：等无间缘依心心所法前后开避引导而立，色法之生即不具此，色法唯从因缘增上二缘生故。故一切法因缘增上二缘必备然后得生，若缺其一必不得生，故说缘生必本此二。而等无间或有或无，故不依之说缘生也。云何言等无间缘势用劣耶？盖等无间缘于心心所开避引导，用在消极，不在积极；用在灭时，不在生时。以前心既灭，后心乃生，一根不能发二识，二识不能并时生，故必前灭后乃生起。故六识等无间缘亦名无间灭意，而诸法之用唯在生时，不在灭时。故增上缘增上之力强，而等无间缘引导之势弱也。以势弱故，有漏无漏善染无记诸识前后能次第生，对治之功，障碍之力，已灭无故。以力强故，有漏无漏善染无记于一识中不并时起，对治之功，障碍之力正显现故。以是二义故说缘生不据此说。而今释主独依此说者，圣教何在，正理何由，思考无得，疑终不解，敬请教之，乐闻命也。

以等无间说缘起已非，以等无间说熏习尤为不可。《成唯识论》广熏习义，种子六义二及四云："二果俱有，谓与所生现行果法俱现和合方成种子。此遮前后及定相离，现种异类互不相违，一身俱时有能生用。非如种子自类相生，前后相违，必不俱有，虽因与果有俱不俱，而现在时可有因用，未生已灭无自体故。依生现果立种子名，不依引生自类名种。四性决定，谓虽因力生善恶等功能决定。"所熏四义中云："二无记性，若法平等能容习气乃是所熏。……四与能熏共和合性，若与能熏同时同处、不即不离乃是所熏，此遮他身刹那前后无和合义，故非所熏。……"能熏四义云："二有胜用，若有生灭势力增盛，能引习气，……四与所熏和合而转，若与所熏同时同处、不即不离乃是能熏。……"此上诸义皆与无间缘不合。所以者何？一言熏习，即有所熏及与能熏，而此二者定必同时俱现和合而转。等无间缘乃已灭，心心所望现在心心所立。已灭过去，现生现在，时既不同不能俱起，无和合义。而言熏习，实乖正理。况已灭法无胜功能，云何能熏？又无间缘生后法时，性不决定。又法已灭，无恒随转义。所生后法，非定无记，故非所熏。而无间缘无胜作用，亦非能熏。诸如是义，种种违反，而必依之以说熏习，谓真如无明依等无间缘能互相熏，此大不可。如不依唯识立论，则吾可不言，既依唯识作释，不能不求其本。不知释主亦于唯识书中见有以等无间缘说熏习者否？至乐欲闻，幸无吝教。

再就第二义言之，所谓真如合有为无漏无为无漏以为体者，亦果出于圣教耶？以吾人所见，则无论小乘大乘诸讲法相者，莫不以真如为无为法，从未有以真如亦为有为者。若云圆成实性俱摄真如及与净分依他，故知真如亦有为者，此亦不然。盖在法相或以三性摄五法时，正智一分就无漏义摄圆成实，就有为义摄入依他，异法相摄是则可耳。若以真如立名，则真如者对相、名、分别、正智四法而立，法与法性不即不离；就不即言，则相、名、分别、正智四法都非真如也；就不离言，则相、名、分别之与正智俱即真如也。此如十八界中法界一种，若就别义言，则十八界法俱可摄入法界；若就十八界三科正义，则必十七界余之一法界始得称为法界，更无一界可称法界。今若说言十八界中眼界、色界可与法界同名法界，余十五界不名法界，有是理耶？又五蕴、十二处、十八界若互相摄者，则色蕴一蕴可摄十色界处全，一界处一分，一意处可摄识蕴七识界全，一法界可摄受想行三蕴，色蕴少分法处全。此等以一摄多，或以多摄一，盖异类相摄则有然耳。依他圆成者，三性之名。正智、真如者，五法之名。异类相摄，则真如正智俱入圆成可也。今以真如而摄正智，然则色蕴、眼处等亦可摄入受蕴、耳处等耶？法相不可乱，是瑜伽唯识造论必遵之规律，今说有为亦真如摄，不知更有何经何论足为凭据也。况夫有漏无漏不得相缘而生，等无间缘无熏习义，已如上明。纵使真如为无漏种子现行者，亦绝无由释于真如无明熏习之义也。

上来二义就唯识言已失依据，再就《起信论》自身言，所谓熏习义者，果依等无间说否耶？《起信论》云："熏习义者，如世间衣服实无于香，若人以香而熏习故则有香气。此亦如是，真如净法实无于染，但以无明而熏习故则有染相，无明染法实无净业，但以无明而熏习故则有净用。"诸所无者熏习则有，此非因缘而何？香熏衣服则有香气，此非果俱有能熏所熏和合俱转之义而何？今以避染净不能并立之过，乃舍因缘、增上缘而说等无间缘，能合于唯识与否且不问，固已先失《起信论》本义矣！

再就初义而申言之，入地菩萨造论必据自所证心境立说，此言是也。虽然，此自证心境云云者，果如释主所云唯限于“亦有漏亦无漏之菩萨现行心境”否耶？以吾人所闻，则诸佛菩萨说法立教为度生也，将度众生必先了然于众生心境聚，根据解界行差别，一一审知而后说法。其贪行者令观不净，其嗔行者令观慈悲，是大乘者为说菩提，其小乘者为说解脱，令一切众生知苦断集、证灭修道。凡此种种，皆凡夫心境也。而诸佛菩萨依之说法，正法者悲之等流今说法不依众生境说，而自说其所有心境，将与凡夫何干？审谛思之，似未当理，此一义也。根本智中证真如理，平等一味，无间圣凡。初地证如，名曰遍行。二空所显，无法不在。不垢不净，无减无增。即佛境界，即众生境界，即一切菩萨境界，何所分别，何所异同，而必曰菩萨造论依自证境非凡夫境非佛境，此亦未见经文，可疑二也。三者诸法正理历劫恒常，根虽无边而教是一，故阿笈摩四谛理，千佛万佛展转传来，故今佛所言仍先佛之义，但有因仍都无创获。下至一生补处说授《瑜伽》，依《深密经》广陈其义，仍本佛言，非云自境。宁有妙义，可离圣教？今曰地上菩萨所说即地上菩萨心境，如《起信论》；成佛所说即为佛境，如《华严经》。然则佛与菩萨立教可有异同，而随证不同而说即千差也耶。审谛思之，似未当理，此三义也。

复次，吾人再就《起信论》全论观之，其所立义果限于入地菩萨自境耶？是盖不然。缘《起信论》固以众生、菩萨、佛一切境界并说者也，故以明染净因果生起相续之原理者也。净法之起可曰地上，染法之起宁独在后得智无间而生之世俗智耶？且初地菩萨渐入者已断烦恼障，顿入者已伏烦恼障，诸见谛者均无真实义愚，已不造三界业。诸所有行皆还灭事，更不趋向流转，若苦若集，非菩萨事。今若谓《起信论》所明唯依地上说者，是染法缘起无由得立也。而《起信论》固不如此，流转还灭染净因果同时并说。而必谓染心、妄念、无明、不觉、业识、六尘、三细、六粗，皆但后得智后有漏心位之恒行不共无明相应心心所法，此之根据，求之《唯识论》固如龟毛，求之《起信论》亦同兔角。是知释主所云依据云云者，皆不能令人起信者也。上来所说已见释主未足解难，则《起信》之过依然安在。背法性、谬缘生、违唯识，非佛教论，如《金七十论》等。诸所陈义，已如拙著《起信论料简》及《料简驳义答辩》篇言，此不重述，诸有智者，可自寻求。倘释主更有他义雅善发挥，则当敬拜下风，固不敢深自固执，自局见闻也，醴泉甘露，拭目俟之。

（1925年《内学》第2辑）

答《〈起信论〉唯识释质疑》

太虚

王君恩洋，对于《起信论唯识释》，摄为二义，一者，对于《起信论》立论依据之审定；二者，对于真如含义之解释。以质其疑。设难扼要，立语谦冲，不可无答。先总答之：

一、菩萨造论之宗点虽立于自证心境，而所说明之一切法，上探佛智，下揽生情，非限自证心境，盖宗犹一国政权集中之国都，谓其国都在此，非谓此外无统治之全国。谓马鸣立论之宗点，在菩萨之自证心境，非谓此外无所说之诸法。盖宗点之所在有殊，则其所说明之法义随异。例同说四谛等诸法，小乘、大乘，上地、下地，轻重详略有多不同，若同说无我，大乘则详法略人；同说佛身，上地则重受用而轻变化。故须慎审立论之宗据耳。质者疑指论所明法，限其自证心境，误设三难，都成唐捐！

二、《起信唯识释》者，用唯识显了之名义，以探释《起信》中同名异义异名同义所密含之意趣，犹诸论之释异门密意教，非要名义尽同，乃可引释。在唯识书，虽此名无此义，若真如一名不含正智义。或此义有他名。若真如用别名正智。然观《起信》中之此名，可与唯识书中何名何义相当，即引彼之名义以释此名而显示其隐含之义。故观《起信》中真如一名之含义，当唯识书中何等之名义用为诠释，非定令所引名句齐一也。《摄论》云："名义互为客。"《瑜伽·真实义品》，尤详论名、义之互离。虽学术上为使用名词之便利，有此名定唯此义之要求，然言语文字之实际应用，卒难如愿，故不应执名以求义，亦须观义以释名也。质者疑必彼书名义同此名义，乃能成释，误设二难，亦致唐捐！

据上总答，所疑已不须更释矣。日居无事。姑曼衍以为辞。

吾释《起信》缘起，通四缘说，于释文中释熏习段，明言具此四缘熏习力故，何尝舍因缘、增上缘而独说等无间缘耶？此由质者未能虚心毕读全释，唯阅用有漏无漏无间相生，释依如来藏故有生灭心段，致生疑误。心法之起，必具四缘，则四缘皆有能起义，何独排等无间缘谓非缘起耶？纵云狭劣，亦不能排等无间缘非缘非缘起也。况所缘缘、等无间缘但心法有，非狭非劣，正其殊胜，是能虑变之心法乃有此缘故。既起能虑变之心法，间接即起所虑变之色法故。至云圣教何在？则《唯识论》："阿陀那识及前五识，有漏无间有无漏生；第六、七识，有漏无漏染不染等无间互生。"此缘生义，非圣教耶？由世第一入通达位，从有漏心起无漏心，前刹那世第一之有漏心，对后刹那通达位起之无漏心，为胜顺增上缘，亦即等无间缘，即由前一刹那有漏善心开避引导为胜增上，后一刹那之无漏心得现起故。菩萨心位六七识中，有漏无漏无间互生，根本无漏引生后得，后得无间引生有漏，有漏胜观引生无漏，势相邻近，引导乃成，此缘胜用，于是乎见。大抵平凡心聚，前灭后生，消极开避，引导无力。由下而上，由漏无漏，必邻似心为胜引导。不退菩萨心位，上上胜进，等无间缘为胜开导。唯识就异生无始染缘起，故且说因缘、增上缘，此论就菩萨净缘起以谈染净缘起，等无间缘亦成胜用。必下忍引中忍，中忍引上忍，上忍引世第一，世第一引根本智，根本智引后得智，后得智有时复引有漏心故，谈等无间缘起，宁违正理！

至于熏习，吾虽通说四缘熏习，未别提等无间缘熏习也。然唯识就因缘曰生增种子为熏习，故能熏唯前七而所熏唯第八；此论通就四缘，目凡法有展转互相影响之关系为熏习，故诸法通为能熏及所熏，前刹那心能影响于后刹那心，即为等无间缘熏习。就其列“真如”“无明”“业识”“妄境”四法谈熏习，可知也。熏习名同，熏习义异，故不能执唯识中之熏习名义，责此令齐，至此论所言熏习之详义，具于释文，如有疑沮，寻文自释。

真如一名，吾亦喜五法中与正智等相对而立，名义清正。然五法名不遍大乘，而大乘教都说真如，其不立五法之大乘教所说真如名，则不能定律于正智对立之真如义。以每真妄净染相对，指真净曰真如，或曰真心，或曰觉性，或曰如来藏，或曰自性清净心；指妄染曰妄念，或曰不觉，或曰无明，或曰凡夫心，或曰客尘烦恼。此其所用之真如名，自兼含正智义在中；若未立八识教，隐含七八在意根之内也。观义释名，以其如此，释其如此，本无非五法对举不得用真如名之禁例！又谁能谓兼含正智义于真如，即成外道论耶？《起信》用真如名，有时单指理体，若言：“一者体大，谓一切法平等不增减故。”有时兼指智用，若言：“一者净法，名为真如。”其言真如为能熏、所熏段，明言净法名为真如，此真如与清净含义相等。《摄论》之自性清净、离垢清净、得此道清净、正智。生境清净，圣教。摄诸清净法，此真如亦摄诸清净法。就清净义，正智真如合名真如，亦何不可？且《唯识论》随胜德假立十真如，亦含智、断、恩德以说真如，彼既假立，此何不可，严格言之：分别但属有漏心王，应遗心所；正智但为净慧心所，应遗此余净心心所，此则五法摄法不尽。又唯识唯分别，摄正智于分别；而《起信》宗真如，含正智于真如。云违五法平列，俱违五法平列，许彼拒此，有何所以？若云正智真如为无为异，故不可合；分别正智漏无漏异，亦不可合！若云分别正智同有为故可合，则亦正智真如同无漏故可合；理由相等，离合何碍？至真如能熏为因缘、无漏种。所缘缘、圣教法性。增上缘、佛菩萨心及无漏现行自心等。等无间缘，前刹那自类心。所熏例知，具如释文。不限等无间缘，故来难皆虚设。

所云《起信》通说众生菩萨佛诸境界，非限入地菩萨心境，此不违于释旨，无须更解。质者来疑既皆通释，则《起信》无过，如《唯识》等论，更何疑惑！

虽然，《起信》为马鸣作，吾与欧阳居士同承认者。内院师资破斥过当，吾乃为释以通其难。实乃吾非马鸣，宁曰：必知马鸣论意，唯以疑难不绝，则吾之解释亦相与无穷。有味哉！欧阳君“马鸣八地，语略难知”之言，勇于攻难此论者，殆未知其难知耳！殆初得法喜，说之过详耳，日将月诸，庶几近之！

（1926年《海潮音》第7卷第6期）

唯识与佛法

唯识抉择谈

欧阳竟无

将谈《成唯识论》之八段十义，先于本宗要义作十抉择而谈。将谈十抉择，先明今时佛法之蔽。其蔽为何？略举五端：

一者，自禅宗入中国后，盲修之徒以为佛法本属直指本心，不立文字，见性即可成佛，何必拘拘名言？殊不知禅家绝高境界系在利根上智道理凑泊之时。其于无量劫前，文字般若熏种极久；即见道以后亦不废诸佛语言，见诸载籍，非可臆说。而盲者不知，徒拾禅家一二公案为口头禅，作野狐参，漫谓佛性不在文字之中；于是前圣典籍、先德至言，废而不用，而佛法真义浸以微矣。

二者，中国人之思想非常佗侗，对于各种学问皆欠精密之观察；谈及佛法，更多疏漏。在教理上既未曾用过苦功，即凭一己之私见妄事创作。极其究也，著述愈多，错误愈大，比之西方佛、菩萨所说之法，其真伪相去诚不可以道里计也。

三者，自天台、贤首等宗兴盛而后，佛法之光愈晦。诸创教者本未入圣位，如智者即自谓系圆品位。所见自有不及西土大士之处。而奉行者以为世尊再世，畛域自封，得少为足，佛法之不明宜矣。

四者，学人之于经典著述，不知抉择。了义不了义乎，如理不如理乎，皆未之思也。既未之思，难免不误。克实而谈，经论译文虽有新旧，要以唐人新译为胜。唐人之书间或深博难通，然其一语一义俱极谛审，多旧译所不及。又谈著述，唐人亦称最精。六朝要籍未备，宋明古典散亡，前后作者乏于依据，难云尽当。今人漫无简择，随拾即是，所以义解常错也。

五者，学人全无研究方法；徘徊歧途，望门投止，非视学佛为一大难途，即执一行一门以为究竟，如今之言净土者即是。如此安望佛法之能全显露耶！且今之学者视世、出世智截然异辙，不可助成，于是一切新方法皆排斥不用；徒逞玄谈，失人正信，比比见矣。

欲祛上五弊，非先入唯识、法相之门不可。唯识、法相，方便善巧，道理究竟。学者于此研求，既能洞明义理，又可药思想优侗之弊，不为不尽之说所惑；且读唐人译述，既有了义之可依，又得如理之可思，前之五蔽不期自除；今所以亟亟提倡法相唯识也。抉择之谈理难详尽，**时俗废疾，略而起之，要其精义，络绎随文。**

第一、抉择体用谈用义

无为是体，有为是用；此粗言之也。若加细别，则有体中之体、体中之用、用中之体、用中之用。今先言其粗者：无为有八，即虚空、择灭、非择灭、不动、想受灭、此五皆就真如义别而立。三性真如是也。云何虚空？真如离障之谓。云何择灭？由慧简择得证之谓。云何非择灭？缘缺不生之谓。云何不动？苦乐受灭即第四禅。之谓。云何想受灭？离无所有处欲，想受不行之谓。云何三性真如？谓善、恶、无记法中清净境界性。盖真如遍一切一味，非恶无记中即不遍也，此理须辨。无为法不待造作，无有作用，故为诸法之体。反之由造作生，有作用法，即是有为，故有为是用。此所谓粗言体用也。次细分体用有如下表：

一、体中之体——一真法界

二、体中之用——二空所显真如（又三性真如）

三、用中之体——种子

四、用中之用——现行

何以谓一真法界为体中之体？以其周遍一切故，诸行所依故。何以谓二空所显为体中之用？以其证得故，为所缘缘故。何以谓种子为用中之体？以种子眠伏藏识，一切有为所依生故。何以谓现行为用中之用？以现行有强盛势用，依种子而起故。此总言体用也。如更以相明体用二者，则**非生灭是体，生灭是用；常一是体，因果转变是用**。何谓非生灭与生灭？欲明此义，须先解刹那义。刹那者，念之异名。念者，变动不居之幻相也。吾人一生心之顷，有无数幻相于中显现，非可以暂时止息。此顷间无数幻相，以其至促至细，故假以刹那之名。言刹那者，微细难思，才生即灭，不稍停留；正成果时，前念因灭，后念果生，如秤两头低昂时等。然将成果时种现同在一处，此即因果同时之义。当情幻现，亘古迁流，所谓生灭大用，其实如是。反乎此则是非生灭之相也。

复次，何谓常一与因果转变？转变即是生灭。因果生灭，相续幻现，证得其实相，是谓如幻三昧，亦名不空金刚。盖幻相历然，如量显现，不坏一法成其全知，故曰如幻三昧。有种能生，势用终存，幻作宇宙众相，从无始来尽未来际转变而现，故曰不空金刚。所谓因果转变其相如是。反乎此则是常一之相也。

上以诸相显体用，体用之义则已明矣。**然有为生灭因果无漏功德，尽未来际，法尔如是，非独诠于有漏也。**生灭向流转边是为有漏，向还灭边是为无漏。从来误解生灭之义，以为非无漏果位所有；所据以证成者，则涅槃生灭灭已寂灭为乐《大论》十八译作由生灭故彼寂为乐。之文也。此盖不知寂灭为乐之言非谓幻有可无、大用可绝、灭尽生灭别得寂灭，亦几同乎断灭之见而视佛法为死法也；其实乃了知幻相，无所执著，不起惑苦，遂能生灭不绝而相寂然；夫是之谓寂灭为乐也。诸佛菩萨皆尽未来作诸功德，常现其幻，生灭因果又如何可无耶？**是故须知有为不可歇，生灭不可灭，而拨无因果之罪大。又复须知一真法界不可说。**何以故？不可思议故，绝诸戏论故。**凡法皆即用以显体；**十二分教皆诠俗谛，皆就用言。**又复须知体则性同，心佛众生三无差别；用则修异，流转还灭语不同年。**（以上，第一次，民国十一年九月二日）

第二、抉择四涅槃谈无住

涅槃一名，向来皆以不生不灭解释之，此大误也。不生不灭所以诠体也，非以诠用。诸佛证得涅槃而作诸功德尽未来际，故其涅槃实具全体大用无所欠缺；其体固不生不灭，其用则犹是生灭也。此生灭之用所以异于世间者，以尽破执故，烦恼、所知二障俱遣；以真解脱故，相缚、粗重缚，一切皆空。障缚既除，一切智智乃生，即此妙智以为用，一切自在而有异于世间。假使仅以不生不灭为言，则涅槃犹如顽空，果何以诠于妙智之用耶？

涅槃义别有四，即自性涅槃、有余依涅槃、无余依涅槃、无住涅槃是也。自性涅槃者，诸法自体性本寂静，自然具有，不假他求，凡夫三乘无所异也。有余依涅槃者，显苦因尽，苦依未尽、异熟身犹在，故名有余依。无余依涅槃者，有漏苦果所依永灭，由烦恼尽果亦不生，故名无余依。此二皆就灭谛为言，故三乘具有而非凡夫。无住涅槃者，就大用方面以诠，诸佛如来不住涅槃，不住生死，而住菩提；菩提者即因涅槃体而显之用，非可离涅槃而言之也。体则无为，如如不动；用则生灭，备诸功德；曰无住涅槃，即具此二义。此唯大乘独有，非二乘之所得共。今本宗之所侧重，则在是也。

佛为一大事因缘出现于世。大事因缘者，所谓无量众生我皆令入无余涅槃而灭度之是也。或者曰：何不曰令入无住涅槃，而谓无余涅槃耶？解之曰：涅槃为全体大用，在前已明；今兹无余就体边言，即亦赅用边言之。体用不离，故举无余即所以显无住。《法华经》有法身说法不假言诠之义；其全体表白即全用显现，最可以见无余不离无住之理。又无余涅槃四姓齐被，三乘通摄，故独举以为言也。有人于此不如理思，**遂有岐途曰：大事因缘，出离生死，灰身灭智。**此惑之甚者也。大智由大悲起；圣者不断生死，但于生死因缘既明了不迷，虽复生死而不为生死漂流；如是乃能出入生死以说法度生，如是乃得谓永远出离生死证得涅槃。此岂灰身灭智之可比者？**故唯识家言，虽则涅槃而是无住；不住生死，不住涅槃，尽未来际作诸功德。然作功德乃曰无住，而相寂然仍曰涅槃。**《金刚般若不坏假名论》亦作是说：**无余涅槃者何义？谓了诸法无生性空，永息一切有患诸蕴，资用无边，希有功德清净色相圆满庄严，广利群生妙业无尽。是则无余涅槃者，决非灰身灭智之谓也。**自其了诸法无生性空、永息一切取蕴、所知清净、能知圆满方面言之，即是涅槃寂静相；自其资用无边、妙业无尽、广利群生方面言之，即是无住功德相。涅槃寂静相者显体，无住功德相者显用。故举无余涅槃即所以显无住涅槃也。

此大事因缘亦即是佛唯一不二之教。佛虽三时说法，分乘为三，然教唯是一，即一切众生我皆令入无余涅槃而灭度之也。**诸有不知，说顿，说渐，说半，说满**。如天台有四教之判，贤首亦有五教之称。寻其依据，天台则《无量义经》，贤首则《璎珞本业经》，皆以事义判别，教味无殊；故说四说五，以义言则可，以教言则不可。教所趣归，三乘无别，故谓三兽渡河、河流是一也。诸有昧此义者，**岂识圆音无非一妙，闻者识上故局一偏**，瀛渤潢污率视其量。**然子贡因论学而知诗，子夏因论诗而知礼；执诗执礼，世典且难，况于佛说**？

行者修习地波罗蜜有地前、地上、地后之三期。地之为言，近取譬也。能生，能持，其象如地，故以地喻。地前二位，曰资粮、加行。资粮位曰顺解脱分，加行位曰顺抉择分，即地前七方便；所谓十住、十行、十向、暖、顶、忍、世第一法是也。地上二位，曰见道、修道，即由初地乃至十地是也。地后一位，曰究竟，即等觉、妙觉是也。又地地有三心，曰入、住、出。即地地有四道，曰加行、无间、解脱、胜进。以四道配三心，入心则加行道也，住心则无间道、解脱道也，无间道是正住，解脱道是住果。出心则胜进道也。因有胜进，乃得愈趣胜妙至于圆满。修行次第虽如是其繁，然一以涅槃贯之，无异趣向。**故初发心入资粮位曰顺解脱分，金刚喻定曰无间道，大觉极位得大菩提曰解脱道**，其因、其果，皆以解脱为言也。

问：教既是一无余涅槃，然发心者不曰发涅槃心而曰发菩提心，证果者不曰证解脱果，而曰证大觉果，何耶？答：涅槃是体，

菩提是用，体不离用；用能显体。即体以求体，过则无边；但用而显体，善巧方便。用当而体现，能缘净而所缘即真，说菩提转依即涅槃转依；唯识所以巧妙莫阶也。诸有不知如是义者，每以现法乐住为涅槃，如初禅之离欲、二禅之离苦、三禅之离喜、四禅之离乐，乃至于神我周遍、自然、道家以用为体。自在、上帝造物之类。哲学真理、儒家世乐，暂时息机。此皆误以体为可求，妄构似相执著之；然此似相转瞬即非，乐且无常，况云涅槃。至于佛法，但于用边著力，体用不离，用既面面充实，不假驰求全体呈现，不期而然。是故菩提转依不异涅槃转依，于发心者亦不曰发涅槃心而曰发菩提心也。**又诸佛与二乘解脱身同，牟尼法身不同。**牟尼法身具足涅槃菩提之果，功德庄严，**故不曰证解脱果，**而曰证大觉果。（以上，第二次，九月四日）

第三、抉择二智谈后得

智是抉择之谓。于一切所知境当前照了，复能抉别简择，明白决定，无隐蔽相，无迷惑相，是以谓之抉择，此与慧异。慧是有漏，与我见相应，不离执著，常不如理分别而有迷昧；故有执之识，六、七识。决定俱有。又慧虽间有抉择之功用，然不尽明彻，遍而不全，皆与智有别。是以对治功用独举智为言也。智凡有三：一曰加行，二曰根本，三曰后得。加行未能究竟，根本究竟而不能起言说以利他，如今又独举后得而谈也。

加行智何以非究竟？**加行智，四寻思后四如实，见似非真。**加行智所得盖为似相真如。当其加功而行，寻思名、义、自性、差别皆假，而如实了悟之际，虽与真抉择相顺，闻思工夫亦不可以忽而视之，然其所证未至究竟处也。

根本智何以不起言说以利他？曰：**根本智入无分别，斯乃见道**。无分别云者，非空除一切之谓，乃不变种种相状相分而泯诸分别之谓也。正智缘如，恰如其量，能所冥契，诸相叵得，如是乃为诚证真如，名曰见道。此时戏论既除，思议不及，故无言说可以利他也。利他之用恃相见道。**然真见一三又益之相见十六者，必后得智见乃周圆**。**真见自悟，相见悟他；有一众生未成佛，终不于此取涅槃，菩萨以他为自故**。所以须起后得智以悟他也。

何谓真见一三？释真见道有一心、三心二家之言。一心真见道者，谓根本智实证二空真理，实断分别烦恼所知二障，虽多刹那事方究竟，而前后相等，不妨总说一心。三心真见道者，谓由三方面缘遣一切有情等假：一则内遣有情假，二则内遣诸法假，三则遍遣一切有情诸法假。以是前后续起有三。是皆以根本无分别智为其体。

何谓相见十六？真见道后次第起心，取法真见道中无间解脱二道能缘正智，所缘四谛真如，变起相分，重加分别以说与他；于此有二重十六心差别。第一重十六心差别有如次表：

- 八心观真如
  - 苦
    - 苦法智忍
    - 苦法智
  - 集
    - 集法智忍
    - 集法智
  - 灭
    - 灭法智忍
    - 灭法智
  - 道
    - 道法智忍
    - 道法智
- 八心观正智
  - 苦
    - 苦类智忍
    - 苦类智
  - 集
    - 集类智忍
    - 集类智
  - 灭
    - 灭类智忍
    - 灭类智
  - 道
    - 道类智忍
    - 道类智

何谓法四谛教。忍？忍之为言忍可也；虽则忍可，而未重证，重证取者，要须法四谛如。智。法忍虽已入住，而火候未熟，法智乃得圆证解脱。此即取法真见解脱道故尔。于此了知法忍有观之用，而法智则有证之用，此二者之区别也。然法忍、法智，皆系外观，观所缘故。类后法是前法之类曰类。忍、类智，皆系内观，重观能缘故，用慧为忍，用智为智，要由无漏慧无间引生无漏智故，先后次第如此。

于此亦有歧说，谓真见一心、相见三心十六心者，以三心别缘人、法，同于安立，故亦说之为相见。斯说也，《唯识》从之，吾今不从。何以故？三心遣假，泯诸分别，不过次第总别有异，而与相见所缘四谛无关；故以真见一心三心、相见十六心为尽理也。

大乘相见道重之以两重十六心，故后得智之功用极大。**菩萨于何求？当于五明求。一切智智，五明是资，闻思所成，修慧引生。直往（菩萨）不回心，趣（发心）异于初今。若入果位，所作独摄（成所作智唯后得智摄），余三通二（圆镜、平等、观察三智皆通根本、后得）。如理（根本智证会真如）匪艰，如量（后得智遍知依他）实繁，尽所有性，斯乃殊胜。此义引伸，读《菩萨藏经》。**

元明人未见古籍，多昧后得妙用之义，至有解《八识规矩颂》而轻视果位五识为未至者；今且一旁辨之。颂曰：变相观空唯后得，果中犹自不诠真。变相观空是后得智。其根本智无有影像，亲证真空；后得则带空相而观空也。前五净识至果位而后有，虽无根本智，不可证真，然其妙用，即依后得而不穷，并非以其不诠真即有所未至也。

又在因位起六七后得智，更有断惑之用。惑从迷事起者，此就亲迷而言，贪、嗔、慢、无明、戒取、见取等烦恼皆是。一分通后得智断。惑从迷理起者，就亲迷言，疑、无明、身见、边见、邪见等烦恼皆是。一分不执非独头起，同于迷事，大乘修道断之，亦用后得智；故后得智之用大也。

问：唯识义是用义，于涅槃则无住，于菩提则后得；无住、后得，证（根本智证真如）以后事则依智不依识，何不曰唯智而曰唯识耶？答：无漏智强识劣，识应其智，智实主之。有漏识强智劣（此智体即是慧。又此有漏指地上所起者言），智应其识，识实主之。五位而及于资粮、加行（此皆用识为主），百法而及于烦恼、不定；作意在凡外小内故（凡夫外道小乘内大不善用取者），法为众建故，舍智标识而曰唯识。（以上，第三次，九月六日）

第四、抉择二谛谈俗义

性相二宗俱谈空义，但性宗之谈系以遮为表，相宗之谈系即用显体。以遮为表故一切诸法自性皆无，即用显体故依他因缘宛然幻有，此两宗之大较也。

性宗之空，龙树与清辨所谈前后迥别。所谓以遮为表者，惟龙树得之，读《大智度论》可以概见。盖胜义谛本非言诠安立处所，说之不得其似，遮之乃为无过。譬如言红，红之相貌难于形容，愈描画必愈失真，不若以非青非黄非白遮之；此虽未明言何色，而意外既有非青黄白之红色在。龙树言空，大都如是，故为活用。善解其义者，固不见与相宗抵触，其实且殊途同归矣。后来清辨之徒意存偏执，但遮无表，所谈空义遂蹈恶取，相宗破之不遗余力，未为过也。

相宗谈空所谓即用显体者，此盖于能安立言诠之处即相。直以表为表也；故曰无能取、所取而有二取之无，此即显空以无性为性。此义详于《辩中边论》。论以五义辨空性：

第一为相，即谓空性非有无二取。非无，有无性。非一非异。此与虚妄分别对辨。

第二为异门。

第三为异门义，谓空性假名有五，义即各别。所谓五者：一、真如，无变义；二、实际，非颠倒义；三、无相，相灭义；四、胜义，最胜智所行境义；五、法界，一切圣法缘此生义。《对法》解空，七门分别，除前五外，加无我性及与空性。《般若》解空亦有十四门分别，除前五外，更加法性、空性、不虚妄性、不变异性、平等性、离生性、及与法住、虚空界、不思议界。但《般若》异门皆就遮遣为言，此与《中边》《对法》谓有“无相”者实不同也。

第四空性差别，略有二种：一、染净差别，由用有垢无垢以显。十二分教舍染净法外，别无可说，故《显扬圣教》亦即此二门而显扬之。盖流转、还灭于斯建立，一切佛法不能外也。二、所治差别，依对治法说，有十六种：一、内空，六根空故；二、外空，六尘空故；三、内外空，根身空故；四、大空，器界空故；五、空空，对治内外一切执故；六、胜义空，如实行所观真理即空故；七、有为空；八、无为空，二净法空故；此之八空依境上立；九、毕竟空，饶益有情所为即空故，菩萨以他为自，众生尽成佛乃证果故；十、无际空，生死无际即空故，不住涅槃不畏生死故；十一、无散空，直至涅槃无一时而间断故；此之三空依行上立；十二、本性空，种姓本有即空故；十三、相空，大士相好即空故；十四、一切法空，令力无畏等一切佛法皆得清净即空故；此之三空依果上立；十五、无性空，无人、法实性故；十六、无性自性空，无性为空自性故；此之二空总依境、行、果三上立。如是十六空，《显扬》同一建立。复有异门。《大论》七十七，加此无所得，说十七空；《般若》第三分则立十九，加所缘、增上、乐无。四禅天。又二会则立十八，于十六空除相空，加自共相、不可得、自性三种。一会则立二十，同上分自共相为二，又加散空。勘之可知。《中边述记》卷一具引。

第五空性成立。总括颂云：无染应自脱，无净应无果，非染非不染，本净由客染。盖染净是境，解脱是行，得果净是果，三者相因。设无染净之境，何得有于行果？又说染净依用而殊，无关本性。《中边》就相诠空，故得如此切实详尽；此盖一宗大旨所在也。

性宗之辨空有也，以二谛；相宗之辨空有也，亦以二谛。**空宗俗有真无，相宗则俗无真有。俗有真无者，于世俗谛一切皆有，于胜义谛一切皆空。《般若》所谈，非义遮义，匪是其表。**清辨之徒从此立论，如上已说。**俗无真有者，于世俗谛瓶盆遍计一切皆无，于胜义谛一真法界圆成而实。然此真俗唯是一重，若说依他，则四真俗。三科、四谛、及于二空，真之前三即后三俗。**此四重二谛之说，乃窥师本《大论》六十四及护法义建立者，料简空有，精审无伦。今更表明其大概如次：

次表所列四重二谛之名皆从略称，若具列之，四俗谛一曰假名无实谛，二曰随事差别谛，三曰证得安立谛，四曰假名非安立谛；四真谛一曰体用显现谛，二曰因果差别谛，三曰依门显实谛，四曰废诠谈旨谛。

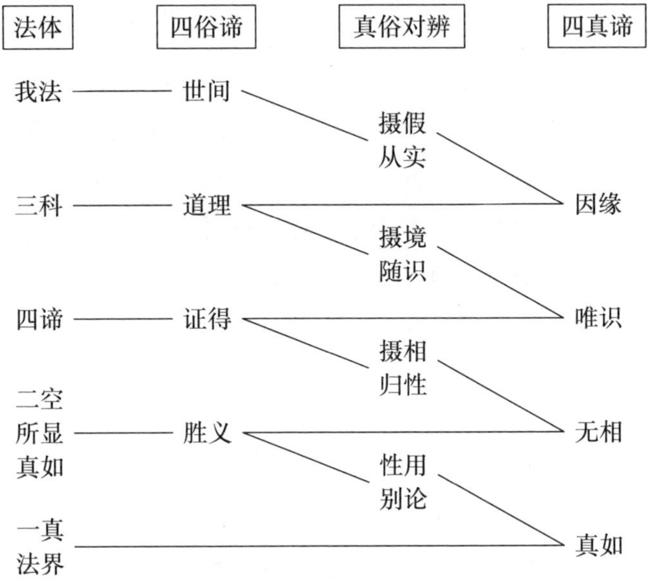

四俗中初遍计是无，四真中后圆成叵说，惟后三俗与前三真，是依他法，或其所证。**真俗皆有；俗则如幻，真则不空，是诠是表，非是其遮。《瑜伽》所说，不空空显，如幻幻存，善巧绝伦，于斯观止！空宗俗有乃相宗初俗，是为情有，情则有其遍计瓶盆也。空宗真无乃相宗后真，是为理无，理则无其遍计瓶盆，俱以一真法界不可名言也。若夫真之前三、俗之后三，不可名而可名，不可言而可言，不了义经乌乎齐量？**

第五、抉择三量谈圣言

就用而谈，**取舍从违，自凭现量。然真现量，见道乃能；非应无漏，虽现而俗。**盖现量之现有三义：一者，现成，不待造作，当体显露。二者，现见，全体呈现，无一毫模糊。三者，现在，现前实现，非过未无体。此三义约识分别，则第八识恒时现量，而微细不可知；五六识少有其义，以有执故唯是率尔心堕境第一念。得，非如无漏之可以久也。盖前五依第六识，第六识依意根。意根有染，前六识有现量时亦不免有染。由此可知，前六识所有现量唯是世俗，实不可恃。**据俗而评，患生不觉。故唯圣言，最初方便，驯至证真，纵横由我。譬如五根（此谓净色也。别有粗色相扶助者，名为扶根尘。旧亦视同根类，而谓为浮尘根，实属错误），五识难缘，恃圣言量，以能发识比知有根。譬如赖耶，意识难知，恃圣言量，以能执持比知有八。不信圣言，瓶智涸海。圣不我欺，言出乎现，问津指南，岂其失已？**（以上，第四次，九月八日）

第六、抉择三性谈依他

依义净《寄归传》之说，**空宗以二谛为宗，故谈真绝对；相宗以三性为宗，故因缘幻有。因缘幻有者，依他起也。**本宗安立三性，理兼空有；而以因缘幻有之依他起为染净枢纽，包括全体大用于无余，故今所谈独在于是。**他之言缘，显非自性。缘之为种；法尔新生起有漏种，法尔新生起无漏种，都为其缘。**法待缘生，即无自性，即显毕竟空义。此与空宗本属吻合，观《中论》“因缘所生法，我说即是空，亦名为假名，亦名中道义”此即天台三观所本。一颂可知。但龙树虽知有赖耶，而不谈其持种受熏，于因缘生法之实际略焉不详。至于清辨变本加厉，并赖耶亦遮拨之，缘起道理遂不能彻底了解。以视本宗立义，无即说无，有亦说有，称量而谈于我无与者，其相去诚远矣。

缘起通于有漏、无漏，依他起法即有二别。**有漏缘生曰染依他，无漏缘生为净依他。**遍计圆成二性即依依他而显。**执为实有曰遍计所执，空其所执曰圆成实。夫以成之为言乃一成不变义者，则是常义，即涅槃常、乐、我、净义；彼依他缘生则三法印者，无常义、无我义、苦义。若以成之为言为究竟断染义者，则净分依他是其所事，体遍而用亦遍，非虚而亦非染；圆实二义依他别具。三界心、心所是虚妄分别故，净分依他摄属圆成。若分别立名唯目缘虑，则净分染分皆依他摄。拨因缘无，黜依他有，彼恶取空流，诸佛说为不可救药者。**

即如清辨造《掌珍论》，有颂曰：真性有为空，缘生故如幻云云，拨无依他起法。此颂具足三支，成一比量。真性简过，有为正是有法，空是其法，合之为宗。缘生故为因。如幻为喻。然量有过，立义不成。清辨宗俗有真无，以真性言简有为是其真谛，故性本空。然对本宗真性有为胜义是有，如此出量，便犯因明有法一分不极成过。又因喻云缘生故如幻，此虽遣法自性，而不遮功能，即可幻有，如何空无？故此量有过不能立也。据此谈空，便铸大错。若以本宗道理解者，即可用其因喻立相违量云，真性有为非空非不空，缘生故，如幻。盖缘生法分明有相，是故非无；待缘而起，生灭不停，取喻如幻。《楞伽》幻不自生依明咒起，亦是缘生。即因缘生法非有自性，不从自故，不从他故，不从共故，非自然生故；唯各自种子仗托而起，生必有灭，无实作用，故缘生诸法又毕竟性空；此亦喻之如幻。真性有为空一颂别见于《楞严经》，清辨立说似依至教；然在当时清辨对敌立宗并不提明此是圣言。若是圣言，显揭以谈，诤论冰销，何棼千古？护法宗徒纵加破斥，而亦未闻有人据为叛教。奘师东传法相，又亦未闻说有此经；故其门下直就量破，不留余地。若果圣言，显蹈悖谬，岂其有智！故《楞严》一经入于疑伪，非无因也。经文更有可疑之处，今不具举。

第七、抉择五法谈正智

五法者何？相、名、分别、正智、真如是也。云何为相？谓若略说所有言谈安足处事？云何为名？谓即于相所有增语。云何为分别？谓三界行中所有心、心所。有漏心法。云何为正智？无漏心法。即是世、出世间如量如理之智。云何为真如？即是法无我所显、圣智所行、非一切言谈安足处事。此之五法，前四为依他起，分别一种合诸识见相分而言。然安慧别义，渊源性宗，以相见为遍计无，不可遵信。后一为圆成实。或为能缘，或为所缘，先总括为一表：次释其义。分别惟缘相、名。正智自缘其智，亦缘分别，以成一切智智，将能作所故。篇末附录，答梅君书，可以参看。

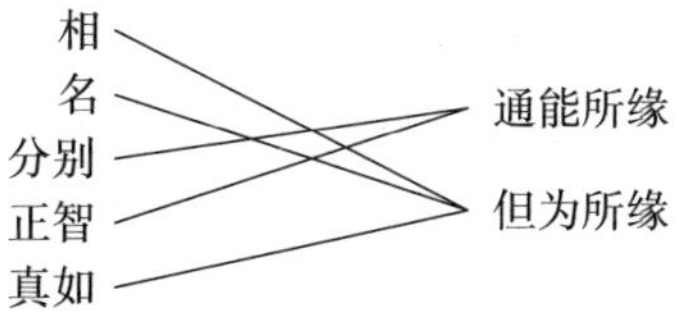

就无漏言，真如是所缘，正智是能缘。能是其用，所是其体。诠法宗用，故主正智。用从熏习而起，熏习能生，无漏亦然。真如体义，不可说种，能熏、所熏，都无其事。漏种法尔，无漏法尔，有种有因，斯乃无过。是故种子是熏习势分义，是用义，是能义。正智有种，真如无种，不可相混。真如超绝言思本不可名，强名之为真如，而亦但是简别。真简有漏虚妄，又简遍计所执。如简无漏变异，又简依他生灭。此之所简，意即有遮。盖恐行者于二空所显圣智所行境界不如理思，犹作种种有漏虚妄遍计所执或无漏变异依他生灭之想，故以真义如义遮之。是故真如之言并非表白有其别用。如谓以遮作表，亦但有表体之义。本宗即用显体，以正智表真如净用，即但视真如之义为遮。古今人多昧此解，直视真如二字为表，益以真如受熏缘起万法之说，遂至颠倒支离莫辨所以，吁可哀也！（第五次，九月十一日）

（续讲前节）真如缘起之说出于《起信论》。《起信》作者马鸣学出小宗，首宏大乘；过渡时论、义不两牵，谁能信会，故立说粗疏远逊后世，时为之也。此证以佛教史实无可讳言者，次请约略述之。佛灭度后，小宗盛行。约百余年。有大天者，唱五事以说阿罗汉不遣所知障，未为究竟。上座部学者坚守旧义，故《毗婆沙论》《异部宗轮》等，皆斥大天为极恶，不留余地。五事者，颂云：余所诱无知，犹豫他令入，道因声故起，是名真佛教。阿罗汉仍有烦恼习气为天魔娆，是为余所诱。又微细无明不染污者未除，是为无知。处非处善巧方便未得，是故犹豫。自证不知，仗他指示，是故他令入。因声闻得道，故道因声起。即此五事是名佛法。当时四众争论甚盛，遂分两部；从此说者为大众部，不从者为上座部。自后迄于佛灭四百余年。两部又屡屡分歧，大众部分为九，上座部析为十一，合有二十。其间说理精粗颇有等差，其最精处且有接近大乘性相两宗而开其先路者。马鸣初宏大教，由粗而精，由杂而纯，法尔如是，无待饰言。今先表诸部分裂之次第，再叙其理论之大概。

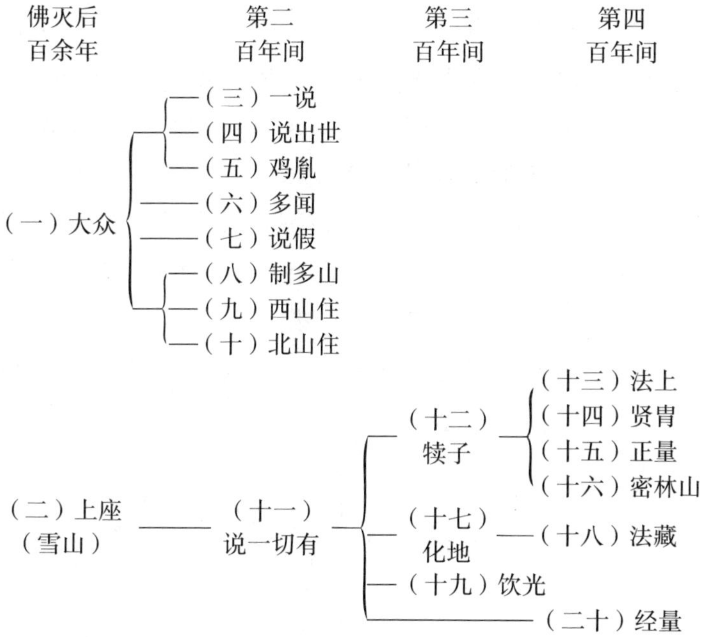

诸部异执若以浅深列成次第，凡得六宗。第一犊子部“我法俱有宗”，计我在蕴外，非有为、无为；此正对破外道所计主宰常遍之我。第二说一切有部等“我无法有宗”，此计三世三科皆属实有，但不立实我，较犊子部之说为进。第三大众部“法无去来宗”，于三世法中惟说现在法及无为法有。第四说假部“现通假实宗”，于现在法中又分别界处是假，不可得故。惟蕴是实。第五说出世部“俗妄真实宗”，于现在实蕴更分别世俗是假，胜义是真。第六一说部“诸法但名宗”，于胜义世俗蕴法说为但有假名。此上四宗立义渐次精微，至于诸法但名则几与法性宗说相衔接矣。然说法实有，乃小宗之通执。其间异论，或谓现在蕴法是实，界处是假；说假部、分别论之末流。分别论者，合大众、一说、说出世、鸡胤、四部而名之。《成实论》，经量部别派。皆同此计。或谓界是实法，蕴处是假；经量部本宗作此计。又或谓界处是实，蕴是其假，《俱舍论》作此计。俱舍用经量部义，故亦是其别派。所谓界则是因义种子义也，故小宗视界为实法者，自然意许有种，而其立说侧重用边，与大乘法相宗立种子义以界处摄无为而阐明依他者颇相接近。又小宗视界为假法者，自然不许有种，而其立说侧重体边，与大乘法性宗遮拨种子惟谈圆成者亦甚接近。大乘教虽非直接自小宗出，然流布较后，传播者对机立说，其与小宗思想难免关涉，不辩可知。今即本上所说，略示大小关合之点以成一表如次：

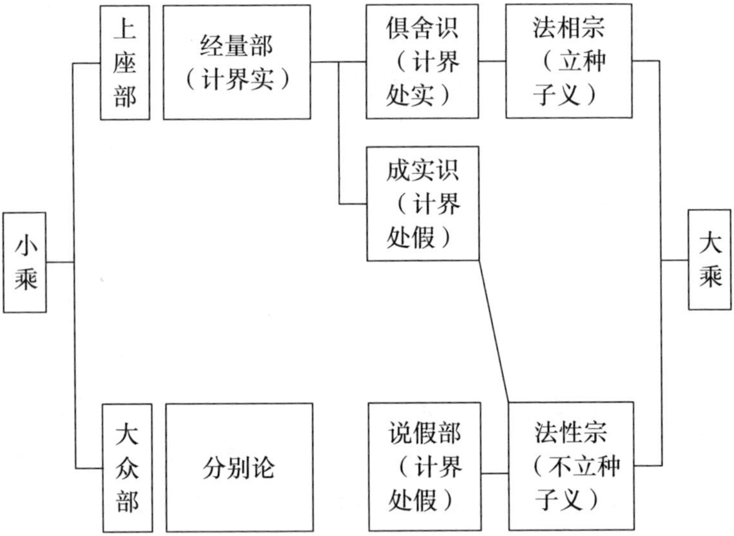

观上表即可知法性宗之不立种子颇与分别论等相近，而首先就法性立说之马鸣《起信论》即极见有此种形迹。又马鸣初在中印度盛唱异说，中印度则分别论流行之地也，其思想之受影响当有不期然而然者。及后为胁尊者弟子，北去迦湿弥罗，从五百尊者之后笔受《毗婆沙论》解释有部本论《发智论》。之文，备闻一切有部诸师异论，不能惬怀，以至于别宏大乘，其取反对一切有部之思想如分别论等者，又属应有之事，可无待言也。然分别论之义颇觉粗浅支离，马鸣为相似之谈，其失遂同。分别论者无法尔种，心性本净，离烦恼时即体清净为无漏因，如乳变酪，乳有酪性，是则以体为用。体性既淆，用性亦失（体为其因，因是生义，岂是不生？自不能立，须待他体以为其因，故用性失）。过即无边（本论出过备有八段，至文讲释）。马鸣之论与分别论相似处，观下所对列各条自明。

《分别论》:（一）心性本净；（二）客尘烦恼所染污故，名为杂染；（三）离烦恼时，转成无漏。

《起信论》:（一）是心从本以来自性清净；（二）而有无明，为无明染有其染心；（三）虽有染心而常恒不变。（中略）所谓以有真如法故，能熏习无明。（中略）谓诸菩萨发心勇猛速趣涅槃故。

《分别论》:（一）无为法有九，第八缘起支无为。缘起非即无为，然有无常生灭之理是常是一说名无为，（二）能令缘起诸支隔别有转变故。

《起信论》:（一）以依真如法故；（二）有于无明，则有妄心，不觉念起现妄境界，造种种业，受一切身心等苦。

《起信论》不立染净种子，而言熏习起用，其熏习义亦不成。熏习义者，如世间衣服实无于香，以香熏习则有香气。世间衣香，同时同处而说熏习；净染不相容，正智无明、实不并立，即不得熏。若别说不思议熏者，则世间香熏非其同喻。又两物相离，使之相合则有熏义，彼蕴此中，一则不能。如遍三性，已遍无明，刀不割刀，指不指指，纵不思议，从何安立？（以上，第六次，九

月十三日）

（续讲前节）《起信》之失，犹不止熏习不成而已，其不立正智无漏种子也，则于理失用义，于教违《楞伽》；其以三细六粗连贯而说也，则于理失差别，于教违《深密》。《楞伽》五法，真如正智并举而谈。《起信》无漏无种，真如自能离染成净，乃合正智真如为一，失体亦复失用也。《深密》平说八识，故八识可以同时而转，以是俱有依故；又识各有种，种生现行不妨相并故，因缘增上二用俱有故。《起信论》竖说八识，三细六粗次第而起，几似一类意识，八种差别遂不可立矣。从史实与理论观之，《起信》与分别论大体相同也如彼；以至教正理勘之，《起信》立说之不尽当也又如此；凡善求佛法者自宜慎加拣择，明其是非。然而千余年来、奉为至宝，末流议论，鱼目混珠，惑人已久，此诚不可不一辨也。即如《起信》有随顺入无心之说，谈者遂谓无分别是智，有分别是识，佛之遗教依智不依识，即是去识不用。然根本智无分别，而后得智则明明有分别，又与智相应者亦明明有分别之识，安可以无分别是智等概为解释？无分别有分别系有所对待之言，正未可以一句说死。至于佛教依智不依识云云，盖谓依智得证圆成而如量知依他起性，依识思惟分别则多为遍计所执而不能当理也。反观《起信论》家所谈，非错解之甚乎？今故因论正智有种而详言及之。

马鸣著《起信论》，立义虽多疏漏，然仅此一书不足以见马鸣学说之全而决定其真价也。考马鸣之重要著述已传译者犹有数种。一、《六趣轮回经》，详谈六趣生死轮回，无甚精义。二、《大庄严论经》，归敬胁尊者而说引凡外入内事，又说归依供养因果事，说十二因缘事；此似初入佛教时之作，犹限于小宗所说。三、《佛所行赞经》，与《大庄严论经》同其旨趣，而原典文辞特美。四、《尼乾子问无我经》。昔人于此未尝重视，然提法空要领而谈因缘生法俗有真无，实为法性宗之要籍。五、《大宗地玄文本论》。此论亦有疑为伪作者，然其所谈五位，义极广博，甚可推重。所谓五位乃谈五义，非立五宗。一切诸法俱非位谈《大般若经》法无自性之义，一切诸法俱是位谈《阿毗达磨经》五姓齐被之义，无超次第渐转位谈《解深密经》三只成佛之义，无余究竟总持位谈《楞伽经》乱住之义，周遍圆满广大位谈《华严经》帝网重重之义。五经皆大乘最要之籍，而此论已概括其大义而无余。又其说果位有无量过患，故教化之用尽未来际；此既含有无姓之义，实为甚精。是故马鸣所宏大乘不可但以《起信》一论相推测也。

第八、抉择二无我谈法无

执之异名为我；烦恼障存则有人我，障其所知则有法执。我者主宰义，人与法皆因缘和合而生。谓有主宰即名曰执。佛教大要无非破执二字。执著是众生，执破即是佛，而破执者则二无我之教法也。依教修行，大小乘各不同。**大乘悲增，修一切智，十王大业，贯彻法空。**盖智从悲起，所悲者深，故所修者广，所知者遍，而历时不得不久；自欲界人王至于色界诸禅，大乘直往菩萨必在色界成佛，与回心者异。皆受极果，得以自在度生；故地前造十王业，人中铁金二轮王，欲界五天之王，色界初二四禅王。而后得除所知障净尽，以贯彻法空无我也。补特伽罗无我亦大乘所证，但依小乘所不共者专谈法无。此在法相唯识两宗所修，又各有别。**三科（蕴、处、界）、缘起（十二有支）、处非处（善因果、不善因果）、根（二十二根）、六种善巧，法相所修。自性（八种识）、相应（诸心所）、色（诸所缘）、及无为（识体），百法明门，一切唯识，**唯识所修。法相道理等视万法，有即说有，无即说无，故依他圆成真幻俱立，遍计本无不加增益；此之谓如量之证，**相应如如**；唯识道理独尊识法，摄一切法不离心王，识亦虚幻，法空无我，空就体言，无我就用言，三法印中合此二为一法印也。**归无所得**。两宗究竟，**一极唱高，宁有容上**！

第九、抉择八识谈第八

凡夫小乘分别心粗，止知有六种识。盖前五识现前可知，第六识亦显明易加比度也。但了别之谓识，了别之用依根而起，前五识既各依一根，第六识亦必有不与他识相共之根。前五识外缘实色，此说第八识所变非前五识所亲取名外缘。故五根属于净色；第六识多内缘独影相分，待分别而后起，故所依根必非无知色法。又前五识缘现境色、声、香、味、触，相分自有其种，即有能引见分之力。六识缘境，相分多随见分种而生，不复能引于见分，故第六识所依根必倍有势力助第六之能缘使其强盛而后可。依上三义应知别有第七识、自此识常与我执相应分别力强而言，得名为识；又自此识能发生第六而言，得名为根；盖一心法而有二义也。但此第七识性有转易，染净功能仍不能依彼恒存，知必更有受持之第八识在。立第八识而后一切染净起灭，此但功用隐显，非是法体有无。犹如熟睡时五识不起，非其功能断灭，特睡眠种子现行，前五识种隐而不现耳。皆有依据，不同凭空来去；此盖大乘法相宗立义最精之处也。

法相宗之立第八识也，所依至教凡有五类，所依证成道理复有十种或八种。勘《唯识论》。

（一）五教十理及于八证而立此识。第八识。

此义在八段十义后，姑不必谈。然《显扬》先谈建立，后说

体业，读者心朗；今虽不能详谈，亦必略表其目。其显近易知者，更抉一二别续而详之。

五教大意：

五教者，《阿毗达磨经》二颂为二，《解深密经》《入楞伽经》各一颂，又合小乘共许经，乃有五也。第八识梵云阿赖耶，义译为藏，旧译阿梨耶，义为无没失。凡具三义：能藏，持种。所藏，受熏。我爱执藏。第七识恒量所缘。又梵云阿陀那，译为执持，亦有三义：执持，执受，执取。此种种义皆非前六识所能有。**五识无依义（为诸法依即所藏义）。六识无摄藏义（此即能藏义）。六识无执持法种，执受色根，执取结生相续义。**大乘四教证成此识，不外就此诸义立说。

初一教，《对法》颂云：无始时来界，一切法等依，由此有诸趣，及涅槃证得。此颂以用显体，凡有三解：一解、初句明能生之因，界即是因。次句明依持之缘。前五识既依五根即不能更持五根，必别有一识持之，即是第八。因缘具而后有诸趣之染及涅槃之净。二解、初句说自性，次句说缘生，针对空宗立义；后二句同前。三解、初句明此识相续，次句明依他，三句明遍计，四句明圆成。此颂所明受熏及与依义，盖偏就所藏边为言。

第二教，同上经颂云：由摄藏诸法，一切种子识，故名阿赖耶，胜者我开示。此颂明持种义，盖偏就能藏边言之。

第三教，《解深密经》颂云：阿陀那识甚深细，一切种子如暴流，我于凡愚不开演，恐彼分别执为我。以其执持、执受、执取三义，说此识为阿陀那。此中言执与第七识之执不同，七计有主宰为我，而八则不尔也。所云执受又有二义：一、觉受义，执受根身而能领略。二、执持义，执受器界。至云恐彼执为我者，凡愚本有其俱生之我执，闻说不了，必更起分别我执，故不为说也。

第四教，《入楞伽经》颂云：藏识海亦然，境等风所击，恒起诸识浪，现前作用转。此颂仍显赖耶三藏之义。初二句明赖耶受熏即是所藏义，恒显我爱执藏之恒时不舍，起则显能生诸法是持种能藏也。

第五教，合小乘诸密意经说而言。**大众根本识，上座有分识（三有之因，即种子义），化地穷生死蕴（生死位俱有之），有部爱乐欣喜阿赖耶，五教外之小教皆谈第八**。此等不过名目不同，所指之法实是第八也。皆详《摄论》，可勘。《述记》以大并为一教，小为四教；今以大为四，小为一，亦可。（第七次，九月十五日）

十理大略：

唯识十理：一、持种心；《瑜伽》《显扬》《对法》八证第四，有种子性。有契经说，诸法种子之所集起故名为心。此心必要决定、恒转，方能持种。决定云者，谓于三性中决定是一类无记。恒转云者，非断非常，亘古相续。由前一义乃得遍持三性法种，由后一义乃得持久不失。前六识皆无此义，故必别立一第八识。此在小宗颇有异计，然皆不成，详《成唯识》，今但略叙之、如经部计转识是心。然有间断故，易脱起故，不坚住故，非可受熏持种。彼部或计六识无始时来前后分位识类无别，即名为心。然即彼识类是实则同外道，是假则无胜用，受熏持种之义不成。彼部或计六识事类前熏于后而得名心。然前后念不俱有，如何相熏，此亦不成。又如大众部计六识可俱时转，第六为依名心。但诸识俱而无熏习，即无种子，更无持种之义。又如上座部计色心自类前为后种，有因果义。然彼自类无熏习，且有间断，不成心义。又如有部计三世诸法皆有，因果感赴无不皆成。然过去未来非常非现，又无作用，亦不得名为心。又如清辨等恶取空者执大乘遣相空理为究竟，谓心非实有。彼违经论，成大邪见，无种无识，功用唐捐。是故应信有第八识能持种心，依此建立染净因果。

二、异熟心；八证第六、身受差别。真异熟心酬牵引业，遍无间断。依据此义应别立第八识，第八犹如库藏，凡所藏物随用取携；诸法依第八，随其业报有现有不现。眼等识有间断故，非一切时是业果故，又在定中或不在定、起眼识时或余识时、有别思虑无别思虑、如理作意或不如理、此来彼去理有众多身受生起，后时此身遂有怡适或劳损，若非恒有真异熟心，如何有此？故知定有此第八识真异熟心。

三、趣生体。有情流转五趣四生，为彼体者必应实有、有体。恒、无间无杂。遍、遍界地有。无杂。惟生自趣法。命根非实有故，诸生得善及意识中业所感者不恒有故，诸异熟色及五识中业所感者不遍无色界故，非异熟法住此趣起余趣生法故，皆非真实趣生体，故知别有第八识。

四、能执受；八证第一、依止执受。五色根及彼依处惟现在世是有执受，能执受心必具五义：一、先业所引，体任运起，非现缘起。二、非善染等。三、一类异熟此真异熟非异熟生。无记性摄。四、遍能执受五根等法，为五根等共依。五、相续执受不使烂坏。此五义皆前六识所不具，故应别有第八识能执受心也。

五、持寿暖。寿谓命根。因业所感第八名言种子现行之时长短不定，假名彼功能上生现分位为命根。暖谓暖触。经说寿、暖、识三，更互依持。寿暖一期相续，识亦应无间无转。此义非前六识所具，故应别立第八识也。

六、生死心；八证第八、命终不离。经说受生命终必住散心。当时身心昏昧，如极闷绝，明了转识必不现起；非别有第八识相续无变，不成散心。又将死时，由善恶业下上身分冷触渐起，若无此识，彼事亦不成。

七、二法缘。经说：识缘名色，名色缘识，展转相依。名谓非色四蕴，色谓羯逻蓝等。前六识即摄在名中，不能更与名色为缘，故应别立第八。

八、依识食。一切有情皆依食住。食是合义，为生顺缘，与生合故。此食有四种，欲界香、味、触三变坏时，能长养造色，是为段食。欲界身需段食乃自然之理，苦行少欲，固不可非，然至违反生理时则不可许。欲、色界六识相应之触与思，皆有资益于身之义，谓为触食、思食。又有相续执持之三界有漏识，能使诸根得受触思资长，是为识食。一类相续，前六并非，故应别立第八识。

九、识不离；八证第七、二定不离。经说：住灭定者识不离身。持寿暖故。灭定中前六识不行，故应别立第八以成不离身之识。无想定例此可知。

十、染净心。经说：心染净故有情染净。此谓染净法依心生，心持彼种子故。前六识于三性，时时转易，无染心中，无想等上地。应不能持烦恼种，后时下没应不起烦恼。世间道中应不能持净种，彼出世道初不应生。故须别立第八识也。

上来十理当八证之五，余有三证皆对小宗有部不许诸识俱转难立第八而说。即**第二、并不初起**；如有一俱时欲见乃至欲知者，尔时作意、根、境、三种无差别而现前。不应随有一识最初生起；故立第八恒时现行与他识俱无妨也。**第三、并则明了**；眼等识缘境，意识分别，如不同时并起，则意识忆念过去，必不明了；实不如是，故诸识可以俱起，即不妨立第八识恒与他识俱也。又五六俱起则应于别依外犹有总依，此即第八也。**第五、业用差别**。识法起时随有了别器、

依、我、境等用，即用显体，应有诸识俱转，即不妨立第八识。（以上，第八次，九月十八日）

（续讲前节）法性法住，如是如是，本不待于安立。然而有五教十理证成唯识者，此乃方便破执，不得不尔。凡夫外道计执实我，说是五蕴假名，小乘又计实法；更说法无自性，不了义大乘又蹈于恶取空；以是摄法归识，显二无我，示其中道。假使诸执尽除，唯识自亦不立。乃今人之闻唯识教者，每视为实有建立，有识可唯；是则仍成法执，同于所破也。于此不可不特举现观一义以补救之。现观之义、同于证量。诸法相用历然差别，由用显体，由能带所，现前现成，无用安排；此唯现观能亲得之。若谈唯识犹不免执，毋宁即说佛教使人现观之为究竟。今故略明其义如次：

一者，何为现观？现有义三：一非造作而现成，二不隐没而现在，三不迷昧而现见。观亦三义：一思，二证，三行。思谓地前于诸谛理决定思惟，证谓地上证得二空所显，行谓如量遍知诸法。此诸行相即能观智；现前明了，观察现境，故曰现观。

二者，何所观？见道以后所观至繁，姑以六门列之：（一）三界九品（三界各有九品）所知事，（二）苦集有漏法，（三）灭道无漏法，（四）四谛所摄未见法，（五）灭道所摄未受法，（六）法智类智所行境。

三者，以何观？以出世无分别智平等性智与妙观察智俱起。能观。邪见、见取、戒取、及疑等俱遣故，方得现观。

四者，何处观？恶趣苦障，上界耽乐，皆无现观。唯在欲界人、天，有佛出世，说三法印，方得现观。

五者，谁能观？此通三乘学、无学果，凡有五种人：一、未离欲者，离修道所断欲界烦恼。此谓声闻初果十六心见道、二果；二、倍离欲者，离欲界修惑尽。谓三果；三、已离欲者，离三界修惑尽。谓阿罗汉果；四、独觉；五、菩萨。

六者，何者入？唯心能入，非我能入。心是无常、有漏能作无漏等无间缘。有境、待缘、能生智故，依心能断粗重我执及与我爱故；我由七识执起，违一切法无我，非是智因故。

七者，何次入？次第有六，即六现观。一、思现观，谓最上品喜受相应思所成慧。二、信现观，谓缘三宝世、出世间决定净信。三、戒现观，谓无漏戒、除破戒垢，令观增明。四、现观智谛现观，谓一切种缘非安立、根本、后得、无分别智。有四后得智：一、缘理后得与根本智俱时；二、缘事后得在根本后时；三、有漏后得、地上无漏仍有漏故；四、无漏后得、佛果功德纯无漏故。此非安立无分别智后得、缘理后得也。五、现观边智谛现观，谓现观智谛现观后诸缘安立出世智。六、究竟现观，谓尽智等究竟位智。此六现观，思、信、戒三，是现观加行，所以引生现观；次二是根本现观，以因果分为二；究竟现观则在圆满佛位。修行次第，首重加行。依至教量广为辩论，惟在凡夫；禅境好寂，圣位自证，都不喜诤；理以诤明，惟凡夫事。多闻熏习，如理作意，是思现观。无漏种子由此引生，三十七菩提分法始于此修，三法印无常，无我，涅槃寂静。于此深契，一切法共相真如亦于此证知。益以信戒现观，以次能得后三。

八者，现观相。智境决定，凡有十相：一、众生无；二、遍计无；三、无我二无我。有；四、相有；五、粗重有；此二缚无。六、我无无我有；此二不灭。七、法及法空无别；法即空，空即法。八、空无分别；九、法性无怖；十、自在能断，不复从他求断方便。

九者，现观差别，有十八种：闻、思、修所生智为三，顺决择分智、见修究竟道智为四，不善净善净俗及胜义智为三，不善净善净行有分别、善净无分别智为三，成所作前正后智为三，声闻菩萨智为二；合有十八。现观诸门，略如上辨。

谈第八识以五门明建立所由，上来初一门讫。

（二）唯识以识摄蕴而立此识。羯罗蓝位（胎中初七日位，义云杂秽）五识不行；而《名色经》言，识缘名色，名色缘识；则七八仍行。受想行识之名及色为五蕴，五蕴中之识为名中识，但是六识。名色缘识之相依识乃是八识。相依识与名中识互为其缘，即是八识与六识互为其缘耳。法相以蕴摄识（摄是不离之义），所被极广，及于二乘。是故不善《般若经》、僻执声闻藏、都但说六，信有五蕴，不信赖耶。时多邪慧，正学荒芜，六识不足范围，更恃谁何而堪折正？

（三）深细不可知之识是此识：二定、无想天、睡眠、与闷绝，此之五位、六识不现，七八仍行。如加二乘无余依则为六位无心，就人分别有无、略如次表：

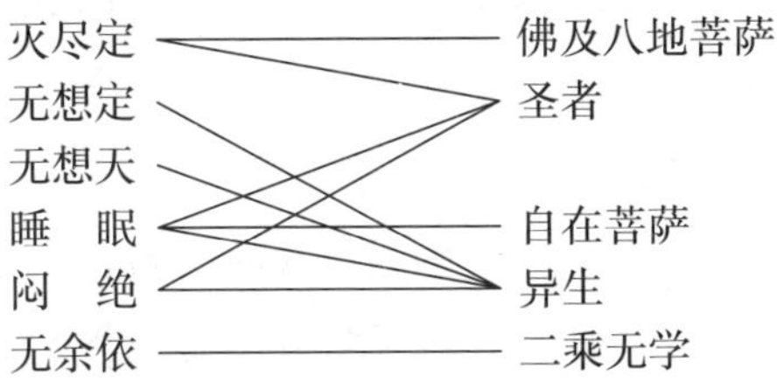

且谈眠闷，粗显免争。死生一寤寐间耳，斯又何奇！寤而复醒，仍依此身，死而又生，但身别易。身依容异，识有是同。但是细微极深无底，非若六识粗浅可知。若以深细不知而即言无，无则现前粗细俱无，云何熟睡昏迷震惊仍觉？此意深长，乌容释究。斯固知八识持种，六虽不现，种为八持，断而复续。（就现行言）职是之由，立有八识，夫然后理可通也。（第九次，九月二十日）

（四）不为声闻而立此识：《摄论》云：**何故声闻乘中不说此心名阿赖耶识，名阿陀那识？由此深细境所摄故。所以者何？由诸声闻不能于一切境智处转，是故于彼虽离此说，然智得成，解脱成就，故不为说。若离此识，不易证得一切智智。**一切境智则广大，阿陀那境则深细，由深细而后成其广大，亦惟广大乃至于深细处也。《深密经》云：**阿陀那识甚深细，一切种子如暴流，我于凡愚不开演，恐彼分别执为我。一则无用乎此，二则益其僻执；不立之由，诚如经、论。**

（五）因为大悲而立此识：本宗约智谈用，为智根源、为用血脉者，则大悲也。《瑜伽》四十四云：是故如来、若有请问菩萨菩提谁能建立，皆正答言菩萨菩提悲所建立。是故智由悲起，悲之等流又以智为究竟。非有大悲贯彻，将无由求得遍知、三只无厌。亦非至于一切智智圆满无缺，不可得无缘大悲之所归宿。二者表里始终，盖有如是者。然今时人谈佛法每每昧此源头，或则例同宗教，或则视为哲学，又或偏执不了义之说以概全体。例同宗教，遂有貌似之净土、宗门，指不到家之净土、宗门言耳。若真净土、真宗门、与唯识是一贯之学。误解了生死之言，此本谓明了，乃误解为了结。并亡悲智。或随顺外道而有悲无智。或趣入小乘而悲智俱微。视为哲学，遂至少智无悲，漫谈宇宙人生，于名相中作活计。又执不了义说如《起信论》等，无正智种，遂至大用无源，悲智不起。凡此皆非所以语于真佛法也。佛法以菩提为极果，而以大悲为根本。大悲之言绝待无缘，既非忧戚悲愁，亦非顾恋哀愍；一滞人、法，即有所不遍而不能成其大。今人于此亦多所误会，次更以数门释之。

大悲云何差别？略有十门：一者自性，相属怜愍本来具有故。二者数择，数数抉择见功过故。三者宿习，先世久修熏习积集故。四者障断，障悲贪爱得断除故。五者平等，于三受皆见苦而生悲故。六者常恒，亘古亘今无间断故。七者深极，自他平等故。八者随顺，如理拔济一切众生苦故。九者净道，此是对治相貌故。十者不得，是无生法忍故。

云何大悲缘起？此略有五：一由深细苦境而生，二由长时熏习而增上，三由救济众生猛利而生，四由极清净地而生，五由慈力浇润而生。若以四缘分别，即以因力为因缘，等流为等无间缘，观苦为所缘缘，善友为增上缘。

复次，就深细境缘起而言：**云何而悲？观众生百一十苦（详《大论》四十四）而起大悲，观众生昧三十二法（详《思益经》）而起大悲。云何观众生而起大悲？无人，无我，无众生，皆一心之差别。此识持一切种，遍周沙界；周沙界识网周沙界，相系相维，相与增上，观乎众生自然而悲。心秽则佛土秽，心净则佛土净，悲其秽矣，属其心矣，必了心体。有断然者。**盖穷苦缘起于无常，差别于种子，必究阿赖耶而后能尽也。

此外犹有异门，他日详谈。今人不明大悲为学佛要事，实属误解佛法之尤，不可不抉择发挥。且概括数言示其要略，曰：诸佛菩萨由观苦而起悲，诸佛以苦谛为师，明了观苦乃无系缚；见他即自，又自然牵动而生大悲，此非逃苦、厌苦、怖苦、舍苦、所可比也。由大悲而利他，由利他而起苦，一切苦悉入生死苦中，不舍生死即是不舍一切苦，此盖触真实苦以苦为大乐乃能如是。由起苦而不住涅槃。

上来五段明建立八识所由毕。

第十、抉择法相谈唯识

一时极唱，性相两轮。明了而谈，一遮一表。都无自性故，所以必遮；相应如如故，所以必表。法相赅广，五姓齐被；唯识精玄，唯被后二。详见他叙，此姑不赘。(《瑜伽论》叙十义、《真实品》叙六义、参看。法相摄《阿毗达磨》全经，唯识摄《摄大乘》一品；法相摄十二部经全部，唯识摄方广一部。)(以上，第十次，九月二十二日)

佛法总抉择谈

太虚

昔基师既著《唯识料简》，于《法苑义林》复有总料简章之作。顷获读竟无居士之《唯识抉择谈》，十之八九，与吾意吻合无间。然以之专谈唯识一宗，虽无不可，而置之佛法总聚中，则犹须为抉择之抉择焉！故今之《佛法总抉择谈》，即对于竟无居士之《唯识抉择谈》而作。

今作《佛法总抉择谈》，将以何为准据而抉择之耶？曰：依三性。盖三性虽唯识宗之大矩，实五乘法之通依也，故今依以为抉择一切佛法之准据焉。而抉择之先，当略明三性之梗概。

一者，遍计所执自性：其能周遍计度而倒执者，则六七二识烦恼相应诸心心所也。其所周遍计度以倒执者，则于一切依他起法周遍计度，不能适如其量，或增益之，或损减之，而倒执为圆成实也。云何遍计所执？谓计度彼依他起法，或增益之，或损减之，颠倒执为圆成实性。若达唯依他起而不起增损之二执，固无妨遍计焉！但遍计执自性即是倒执，倒执解即无所谓遍计执自性。故所计之依他起及所执之圆成实，概唯虚妄。

二者，依他起自性：依他所起之法，则一切有漏无漏之有为法是，以相用不空而无实自体为其自性。其所依之他，若分别言之，则众缘是；若概括言之，则一切杂染依他起法皆依倒执起，一切清净依他起法皆依正智起。然倒执由迷真如违真如故起，而正智由悟真如顺真如故起。间接言之，则谓彼违真如之杂染法，由能迷真如之恒行无明起；彼顺真如之清净法，由所悟真如之二空真如起，亦无不可。

三者，圆成实自性：乃一切法圆满成就真实之体，以无欠余、不变坏、离虚妄为自性者。不变坏遮非依他起，离虚妄遮非遍计执，无欠余表是圆成实。若依遣遍计执、断依他起之所遣清净、所断清净以言圆成实，则唯无为真如是圆成实。若兼能遣清净、能断清净以言圆成实，则亦兼摄无漏有为是圆成实。若唯无为是圆成实，则佛果具圆成实及净依他之二性，或兼离执之遍计性。唯识宗是。若摄无漏有为是圆成实，则佛果唯圆成实性。真如宗是。有处以真如、无为与圆成实等量齐观，故亦言佛果唯真如或唯无为。真如宗经论是。

依此三性以抉择佛法藏，其略说依他起之浅相而未遣遍计执者，则人乘天乘之罪福因果教也，亦世出世五乘之共佛法也。其依据遍计之法我执，以破除遍计之人我执而弃舍依他起者，则声闻乘之苦集灭道教也，亦出世三乘之共佛法也。至于不共之大乘佛法，则皆圆说三性而无不周尽者也。但其施设言教所依托、所宗尚之点，则不无偏胜于三性之一者，析之即成三类：一者，偏依托遍计执自性而施设言教者，唯破无立，以遣荡一切遍计执尽，即得证圆成实而了依他起故。此以《十二门》《中》《百论》为其代表，所宗尚则在一切法智都无得，即此宗所云无得正观，亦即摩诃般若，而其教以能起行趣证为最胜用。二者，偏依托依他起自性而施设言教者，有破有立，以若能将一切依他起法如实明了者，则遍计执自遣而圆成实自证故。此以《成唯识论》等为其代表，所宗尚则在一切法皆唯识变，而其教以能建理发行为最胜用。三者，偏依托圆成实自性而施设言教者，唯立无破，以开示果地证得之圆成实，令起信，策发因地信及之圆成实使求证，则遍计执自然远离而依他起自然了达故。此以《华严》《法华》等经，《起信》《宝性》等论为其代表，所宗尚则在一切法皆即真如，而其教以能起信求证为最胜用。

此大乘三宗之宗主，基师尝略现其说于《唯识章》曰："摄法归无为之主，故言一切法皆如也。摄法归有为之主，故言诸法皆唯识。摄法归简择之主，故言一切皆般若。"《法苑义林章》卷三。摄法谓统摄法界一切法罄无不尽也。其所宗主之点，虽或在如、或在唯识、或在般若，而由彼宗主所统摄之一切法则罄无不同，故三宗摄法莫不周尽也。譬唯一中华民国之中央政府，或设之在北京亦统摄此全国，或设之在汉口亦统摄此全国，或设之在南京亦统摄此全国；其能统摄之中央政府设在地，虽有或北京或汉口或南京之异，其所统摄之全国则无异也。昔尝以此三宗判摄中国大乘八家之学，除净律分属各宗外，其嘉祥、慈恩、禅宗、天台、贤首、密宗之六家，为表如下：

摄一切法归
- 简择主之般若宗……………………即《摄论》之得此清净……嘉祥
- 有为主之唯识宗……慈恩
- 无为主之真如宗
  - 全体真如……即《摄论》之自性清净……禅宗、天台
  - 离垢真如……即《摄论》之离垢清净……贤首
  - 等流真如……即《摄论》之生境清净……密宗

然此三宗虽皆统一切法无遗，其以方便施设言教，则于所托三性各有扩大缩小之异。般若宗最扩大遍计执性而缩小余二性，凡名想之所及皆摄入遍计执，唯以绝言无得为依他起、圆成实故。故此宗说三性，遍计固遍计，依他、圆成亦属在遍计也。唯识宗最扩大依他起性而缩小余二性，以佛果有为无漏及遍计执之所遍计者皆摄入依他起，唯以由能遍计而起之能执、所执为遍计执，及唯以无为体为真如故。故此宗说三性，依他固依他，遍计、圆成亦属在依他也。真如宗最扩大圆成实性而缩小余二性，以有为无漏及离执遍计皆摄入圆成实，复从而摄归于真如无为之主，唯以无明杂染法为依他、遍计故。故此宗说三性，圆成固圆成，遍计、依他亦属在圆成也。

然此三宗，虽各有当，若从策发观行而伏断妄执以言之，应以般若宗为最适，譬建都要塞而便于攘外安内故。若从建立学理而印持胜解以言之，应以唯识宗为最适，譬建都中部而便于交通照应故。若从决定信愿而直趣极果以言之，应以真如宗为最适，譬建都高处而便于瞻望趋向故。要之，于教以真如宗为最高，而教所成益每为最下，以苟非深智上根者，往往仅藉以仰信果德故。于教以般若宗为最下，而教所成益却为最高，以若能绝虑忘言者，必

成妙观而发真智故。于教以唯识宗为处中，而教所成益亦为处中，以如实了解唯识者，虽或进未行证，而必非仅能仰信故。

由上来所说以观之，《起信论》等与《中》《百论》及《唯识论》各为一宗，而其为圆摄法界诸法之圆教则同，虽同为圆教而胜用又各有殊。依此，于诸教法抉择记别，可无偏蔽。转观竟无居士所瑕玼《起信论》者，亦可得而论决矣。

尝闻持贤首家言者，传述竟无居士据《起信论》“依如来藏故有生灭心，所谓生灭与不生灭和合，非一非异，名阿黎耶识”一文，斥为同于数论自性与神我和合而生二十三谛之外道论，然吾未睹居士之著于文言也。但唐以来之误解于《起信论》者，未尝不可以此斥之，而非《起信论》之本义有斯过咎。《起信论》以世出世间一切法皆不离心，故就心建言，实无异就一切法建言也。一切法共通之本体，则真如也，即所谓大乘体。真如体上之不可离不可灭相，真如自体相。如来藏也。换言之，即无漏种子，亦即本觉，亦即大乘相大。所起现行即真如用，即能生世出世间善因果之大乘用。其可断可离相，则无明也。一切染法皆不觉相。换言之，即有漏种子，即违大乘体之逆相，所起现行则三细六粗等是也。无始摄有顺真如体不可离不可灭之本觉无漏种未起现行，亦摄有违真如体可离可灭之无明有漏种恒起现行，故名阿黎耶识，译者译为生灭不生灭和合尔。言依如来藏者，以如来藏是顺真如体不可离灭之主，而无明是违真如体可离可灭之客，故言依也。又《起信论》宗在真如，从真如以起言，而此上真如门中唯以体名为真如，不可言依真如而有生灭。譬不可言依湿性有波浪，但可言依水有波浪，故取真如体上不可离断之本净相，言依如来藏也。标如来藏是主，不可离灭，而应离灭可离灭之无明有漏，亦此论宗旨之所存。譬如有一讲台于此，或言由植物成，喻唯识宗。可见其为物理学家；或言由原质成，喻真如宗。可见其为质化学家。于此可见此论为真如宗，亦然。

真如宗以最扩大圆成实故，摄诸法归如故，在生灭门中亦兼说于真如体不离不灭之净相用名为真如。以诸净法佛法。统名真如；而唯以诸杂染法异生法。为遍计、依他，统名无明，或统名念；此《起信论》所以有“无明熏真如，真如熏无明”之说也。无明熏真如者，如目病，无明。病熏。体自离病之目，正智或心之自证体。而观熏。净空，如。有诸狂华。依净空实不变生狂华言，言真如不受熏；据因目病所观故，即净空有狂华现，亦可寄言真如受熏。要之，其病无明。共好目净空真如。相和合熏。而有病目空华，可以喻此所云无明熏真如义。真如熏无明者，以一切净法，真如体及于真如体不可离灭之净相净用。皆名真如故，一切佛法皆名真如；以一切染法皆名无明故，一切众生法皆名无明。众生无明。见闻熏。诸佛真如等流所示身言，真如。而生起众生信解思修，熏。真如熏无明也。以见闻信解思修故，而自内本具之无漏智种，真如。渐渐引起能熏破于烦恼，无明。亦真如熏无明也。唯识宗以扩大依他起故，只以诸法之全体名真如，而真如宗时兼净相净用统名真如；此于真如一名所诠义有宽狭，一也。唯识宗于熏习专以言因缘，真如宗于熏习亦兼所缘、等无间、增上之三缘以言，二也。明此，则唯识宗正智现行唯熏正智种子，无明现行唯熏无明种子，且不可言正智无明相熏，何况可言无明真如相熏？而真如宗则可言无明熏真如，真如熏无明也。二者各宗一义而说，不相为例，故不相妨。如闻击柝，或言木声，或言四大种声，均无不可。

《唯识抉择谈》中，引被《成唯识》所破之《分别论》与《起信论》对例者凡二条，其第二条完全牛头不对马嘴，兹可不论。其第一条，心性本净客尘烦恼所染污故，名为杂染，虽为小乘说假部之所计，《成唯识论》卷二亦唯以其错解心性本净而破之，非并其所用教文破之也。故曰“然契经说心性净者，乃至名心本净”云云。所本契经，《述记》谓即《胜鬘经》“自性清净心难可了知，心为烦恼所染亦难了知”等文。解《起信论》者，复兼引《楞伽经》“如来藏是清净相，客尘烦恼垢染不净”等文，则此固赫然契经之圣言也。乃竟无君仅视为《分别论》之说，连同《起信》破之，抑何谬耶？然唯识宗乃依用而显体，故唯许心之本净性是空理所显真如，或心之自证体非烦恼名本净。若真如宗则依体而彰用，以有真如法故有于无明云云，亦即依体而彰染用，可知。故言是心从本以来自性清净而有无明，应如此断句，不应于自性清净字下断句。其所言之自性清净，固指即心之真如体而亦兼指真如体不可离断之净相用也。此净相用从来未起现行，故仅为无始法尔所具之无漏种子。所言从本以来自性清净，不但言真如，而亦兼言本具无漏智种于其内。然此心不但从本以来自性清净，亦从本以来而有无明，此心从本以来六字，应双贯自性清净及而有无明读。为无明染而有染心，则无始有漏种子恒起现行而成诸杂染法也。虽有染心而常恒不变，则虽有漏现行，而真如体及无始无漏种不以之变失也。此在真如宗之圣教，无不如是说者。故基师于《宗轮论记》设问答云：“有情无始有心称本性净，心性本无染，宁非本是圣？答曰：有情无始心性亦复有心即染，故非是圣。又问：有心即染，何故今言心性本净，说染为客？客主齐故。答曰：后修道时，染乃离灭，唯性净在，故染称客。”据此一文，亦可见于真如体不可离不可灭之净相净用，得称为主之性净也。此诸圣教可诽拨者，则摄一切法归无为主之真如宗经论，应皆可诽拨之！故今于此不得不力辨其非也。

至立种子义不立种子义，除般若宗专破计执，当然不立之外；在唯识宗以扩大依他起性故，立法尔具染净种子；而真如宗以扩大圆成实性故，诸有漏杂染种说为不觉，或名不相应染，故曰“不相应义者，谓即心不觉”。诸无漏清净种，说为本觉，或兼真如名如来藏，故曰“二者相大，谓如来藏具足无量性功德故”。天台宗就全体真如以言，其所谓性具，亦种子义也，其所谓事造，亦现行义也。在真如宗宗依真如而起言说，义应然也。此则但取义立名之不同，而非于法有所增减。

君又谓《起信》不立无漏种子，于理失用义，于教失《楞伽》；以三细六粗连贯而说，于理失差别，于教违《深密》。以《楞伽》正智真如并谈，而《起信》合为一故。然《起信论》于正智真如诚不定分，而有时亦不定合，如曰法身显现，真如。智淳净故。正智。又曰法身真如。智相正智。之身。若据此必谓起信违《楞伽》者，亦可指唯识违《楞伽》。以五法分别识。与正智智。并谈，乃《唯识》则唯分别故，且亦可曰《唯识》于理失净用也。彼既不然，此何云尔？至《起信》之三细六粗，古来解者诚多未善，尝察《起信》全文，为表如下：

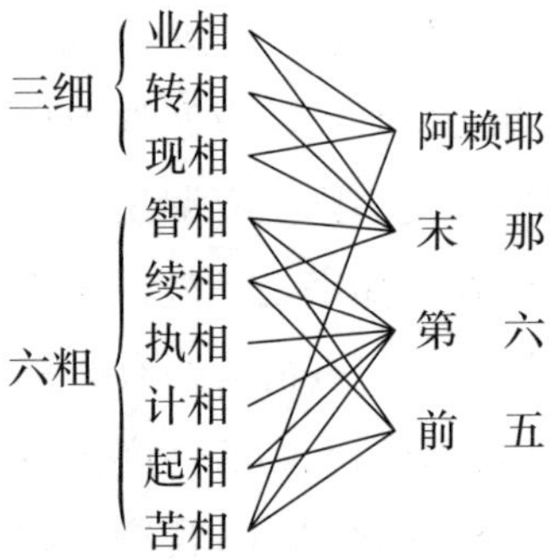

观此，可知并非竖说八识，不违《深密》平说八识，亦不违差别也。

至于《掌珍论》偈与《楞严》一偈同，吾初阅藏时亦曾疑及之。但清辨、护法于此偈虽未标明圣言，然亦未尝标明其非圣言；而《楞严》属密部之经，奘师所传鲜及密宗，故皆不足致疑。而此一偈，依般若宗摄一切法归简择主以扩充遍计执言之，有无为皆遍计所执境故，一切空故，亦无何过。护法等各据一宗以相辩，亦藉之以极显自宗之义而已。

其十谈中，余说大都契同，间有一二处亦可以前文会之，故不复一一。唯用因明处亦间成差错。比年游目佛法藏者日多，往往因智起愚，自生颠倒分别以蔽其明！盖其心习侧重于是，即落窠臼，执此为是，斥余为非，不能砉然四解，说法无碍。得吾说以通之，庶几裂疑网于重重。

十四年一月作

民国时期，随着法相唯识学的复兴，产生了围绕唯识义理的几场大争论，本书集中展示的就是其中最重要的五场争论：

1. 法相唯识二宗辨：欧阳竟无大师判法相与唯识为二宗；太虚大师论法相必宗唯识；印顺法师论唯识必是法相的，法相不必宗唯识。

2. 相宗新旧两译辨：1931 年梅光羲发表《相宗新旧两译不同论》一文，太虚法师随即提出批评，而守培法师对梅光羲文和太虚法师文都提出了批评。另收正果法师一文。

3. 见相同种别种辨：1923 年景昌极发表《见相别种辨》一文，取安慧之说，主张见分与相分同种；此后，唐大圆与景昌极反复辩论，太虚大师亦对景昌极文予以驳难。

4.《起信论》与唯识：欧阳竟无师生等据唯识义判《大乘起信论》为中土人士伪撰；太虚大师“乃从《成唯识论》寻得此论立说之依据点”，以唯识释《起信论》。

5. 唯识与佛法：1922 年南京支那内学院开学时，在开讲《成唯识论》之前，欧阳竟无大师先以十义作《唯识抉择谈》（聂耦庚记录，吕澂校订；文中黑体字为欧阳竟无所撰原稿）；太虚大师认为“然以之专谈唯识一宗，虽无不可，而置之佛法总聚中，则犹须为抉择之抉择焉”，故作《佛法总抉择谈》。

唯识学丛书

徐梵澄系列著作

尼采自传（德译汉）
薄伽梵歌（梵译汉）
玄理参同（英译汉并疏释）
陆王学述（简体本）
老子臆解（繁体横排本）
薄伽梵歌（印度版影印）
孙波：徐梵澄传（修订版）

经典维新丛书

熊十力：新唯识论（批评本）
马一浮：泰和宜山会语 法数钩玄
汤用彤：汤用彤讲西方哲学
胡　适：说儒
国学到底是什么
阳明心学得失论

禅解儒道丛书

憨山大师：老子道德经解
憨山大师：庄子内篇注
蕅益大师：四书蕅益解
蕅益大师：周易禅解
马 一 浮：老子注
章 太 炎：齐物论释
杨 仁 山：经典发隐
欧阳竟无：孔学杂者

太古丛书

谭嗣同：揭乡愿与大盗——仁学
梁启超：国民自新之路——新民说
章太炎：学问与革命——章太炎文选
鲁　迅：解剖我自己——坟 热风